AF469604

MME DE SÉVIGNÉ

COULOMMIERS. — IMP. P. BRODARD ET GALLOIS.

MADAME DE SÉVIGNÉ

MME DE SÉVIGNÉ

PAR

GASTON BOISSIER

DE L'ACADÉMIE FRANÇAISE

DEUXIÈME ÉDITION

PARIS

LIBRAIRIE HACHETTE ET Cie

79, BOULEVARD SAINT-GERMAIN, 79

1887

AVERTISSEMENT

Il peut paraître difficile aujourd'hui de parler de Mme de Sévigné : on a tant écrit sur elle qu'il semble qu'on n'ait plus grand'chose à en dire. Comme c'était, avant tout, une nature sincère et ouverte, les écrivains qui se sont occupés d'elle en ont fait, en général, un portrait exact et n'ont pas eu trop de peine à la représenter telle qu'elle est. Il s'ensuit que, si l'on voulait à toute force faire autrement qu'eux, on risquerait de la peindre comme elle n'était pas ; on négligerait peut-être les qualités les plus apparentes, sous prétexte que tout le monde les a vues, on donnerait aux autres plus d'importance qu'il ne convient, et, pour lui faire une physionomie nouvelle, on tracerait une figure de fantaisie.

C'est un danger auquel je ne veux pas m'exposer. Je ne ferai donc aucun effort pour chercher la nouveauté. Je ne me préoccuperai pas de trouver des appréciations qui soient inconnues et de découvrir des citations qu'on n'ait jamais faites. Après avoir relu les lettres de Mme de Sévigné, je dirai tout simplement l'impression qu'elles m'ont laissée, sans me demander si je ne répète pas ce qu'on a dit avant moi : voilà toute la méthode que je suivrai dans cet ouvrage.

Je ne crois pas qu'il y ait un grand intérêt à raconter ici de nouveau d'une manière suivie la vie de Mme de Sévigné. D'autres l'ont fait avec une abondance de détails qui ne laisse rien à désirer. Ceux qui voudraient connaître à fond sa biographie n'auront qu'à lire les *Mémoires* un peu touffus, mais agréables, de Walckenaer, ou, ce qui leur plaira davantage, l'élégante notice que M. Mesnard a placée en tête de l'édition des *Grands écrivains de la France*. Cette vie, du reste, n'a rien de romanesque ; elle se compose des incidents ordinaires de la vie d'une femme, et l'on peut la résumer en quelques mots. Née en 1626, en plein règne de Louis XIII, d'une grande famille de la Bourgogne, orpheline à sept ans, Marie de Rabutin-Chantal épousa en 1644 un gentilhomme breton, le marquis de Sévigné. Ce mariage ne fut pas heureux ; Sévigné fut tué en duel en 1651. Il laissait deux enfants, un fils qui fut un homme d'esprit et un brave soldat, mais qui, se lassant de ne pas avancer et pris du mal du pays, se retira jeune du service et se maria en Bretagne, et une fille, qui épousa en 1669 le comte de Grignan, lieutenant général en Provence. Elle suivit son mari dans son gouvernement, et dès lors attendre sa fille ou l'aller trouver, songer à elle et lui écrire fut toute la vie de Mme de Sévigné. C'est ainsi qu'elle lui adressa cette correspondance qui a fait sa gloire. Elle mourut en 1696, pendant une de ces réunions qu'elle souhaitait avec tant d'ardeur, au château de Grignan.

Ces quelques dates suffiront pour nous guider dans l'étude que nous allons entreprendre.

Est-il nécessaire de dire que je citerai les lettres de Mme de Sévigné d'après l'édition des *Grands écrivains de la France*, en la rectifiant et la complétant par la publication des *Lettres inédites* de M. Capmas ?

MME DE SÉVIGNÉ

CHAPITRE PREMIER

LA FEMME

Dans la correspondance de Mme de Sévigné, ce qu'il y a de plus intéressant, c'est elle. Il faut donc chercher d'abord à la connaître d'après ce qu'elle dit, ou ce qu'on lui dit. Nous possédons près de quinze cents lettres qu'elle a écrites ou reçues : c'est plus qu'il ne faut pour qu'on l'y découvre tout entière. Il est bien vraisemblable qu'une femme qui a tant écrit, quand elle serait mystérieuse et dissimulée, ce qui n'est certes pas le défaut de Mme de Sévigné, doit avoir laissé échapper tous ses secrets.

I

D'abord, était-elle jolie ? — Ce n'est pas une curiosité futile qui nous fait désirer de le savoir. Quoique nous tenions surtout à connaître les qualités de son esprit et de son cœur, il ne nous serait pas inutile de pouvoir les placer sur une figure vivante ; l'ensemble se saisirait mieux et nous aurions la personne entière. Par malheur, les portraits qu'on a conservés d'elle ne s'accordent pas bien entre eux, et plusieurs soulèvent beaucoup de doutes. Seul, le pastel de Nanteuil, qu'on a reproduit en tête de cet ouvrage, paraît être d'une authenticité incontestable ; mais il a l'inconvénient de représenter la marquise quand elle n'était plus jeune. C'est une bonne figure, large, animée, souriante, où se reflètent la bonhomie et l'intelligence, mais ce n'est pas tout à fait une jolie femme. On ne peut s'empêcher d'être surpris, en la regardant, qu'elle ait eu tant d'adorateurs. Nous allons voir que, pendant qu'elle était mariée et après qu'elle fut veuve, il y eut presse pour supplanter ou remplacer le mari, et que parmi ces nombreux soupirants se trouvaient les cavaliers les mieux faits de la cour et les plus grands noms de la France. Évidemment, ils auraient beaucoup moins tenu à lui plaire si elle avait été laide. Sur ses vieux jours, comme on lui disait que Pauline, sa petite-fille, lui ressemblait, elle écrivait à Mme de Grignan : « Ai-je été jamais si jolie qu'elle ? on dit que je l'étais beaucoup ». Il faut avouer que, dans ses portraits, elle l'est médiocrement, et qu'à la prendre comme les peintres nous la représentent, nous ne voyons pas que ce visage justifie Conti, Turenne, Rohan, Bussy, du Lude, de lui avoir adressé tant d'hommages. On serait donc tenté d'accuser les peintres de n'avoir pas exactement

rendu le charme de sa figure; mais comme ces peintres étaient des gens de mérite, renommés dans leur
art, il est plus vraisemblable que ce charme échappait en partie à la peinture, et que les qualités qui
plaisaient dans sa personne étaient de celles que le
pinceau a quelque peine à reproduire. Mme de la
Fayette, dans le portrait qu'elle a fait de son amie,
sous le nom d'une inconnue, lui disait : « Le brillant
de votre esprit donne un si grand éclat à votre teint
et à vos yeux, que, quoiqu'il semble que l'esprit ne
dût toucher que les oreilles, il est pourtant certain
que le vôtre éblouit les yeux ». Il me semble que
cette phrase explique l'impuissance des peintres à
représenter Mme de Sévigné comme elle paraissait à
ses amis. Cette sorte de reflet de l'esprit sur la figure,
cette illumination des traits du visage par les qualités
intérieures, comment les peindre? C'était pourtant ce
qui faisait le principal attrait de Mme de Sévigné et le
caractère de sa beauté. Il faut donc, si l'on veut avoir
son portrait véritable, ajouter beaucoup à celui que
nous ont laissé les peintres. Prenons-la, si l'on veut,
dans le pastel de Nanteuil, et commençons par lui
ôter plusieurs années. Quand nous l'aurons ramenée
« à la fleur de ses vingt ans », comme parle Mme de
la Fayette, donnons-lui ce que personne ne lui refuse,
même son cousin Bussy, des cheveux blonds, épais et
déliés, des yeux pleins de feu, un teint admirable, d'un
éclat et d'une fraîcheur « qu'on ne voit qu'au lever
de l'aurore sur les plus belles roses du printemps »;
embellissons-la surtout de ces teintes charmantes

d'intelligence et de bonté qui éclairent son visage, qu'on lise son âme sur ses traits, et nous comprendrons que, quoiqu'elle ne fût pas tout à fait belle, elle ait produit d'abord plus d'effet que beaucoup de femmes d'une beauté irréprochable. On nous dit que la séduction du premier regard était presque irrésistible. « Il me semble que je la vois encore, raconte l'abbé Arnauld dans ses *Mémoires*, telle qu'elle me parut la première fois que j'eus l'honneur de la voir, arrivant dans le fond de son carrosse tout ouvert, au milieu de monsieur son fils et de mademoiselle sa fille : tous trois tels que les poètes représentent Latone au milieu du jeune Apollon et de la petite Diane, tant il éclatait d'agrément et de beauté dans la mère et dans les enfants. » C'est un peu plus tard, quand la première surprise était passée, qu'on s'apercevait des imperfections de ce visage, dont on avait été d'abord charmé. On remarquait « que les yeux étaient trop petits et de couleur différente, les paupières bigarrées, le nez un peu carré par le bout ». Mais ces défauts ne choquaient pas longtemps. Comme on était alors plus près d'elle, on pouvait l'entendre causer, et c'était une autre séduction à laquelle on ne résistait pas. « Quand on vous écoute, lui disait Mme de la Fayette, on ne voit plus qu'il manque quelque chose à la régularité de vos traits, et l'on **vous cède la beauté du monde la plus achevée.** »

II

Voilà donc une première connaissance faite avec Mme de Sévigné ; mais elle est encore bien rapide et bien confuse. Nous l'avons à peine entrevue de loin et d'une façon assez indistincte. Si nous voulons connaître d'elle autre chose que les traits de son visage, il faut essayer de la suivre dans ce grand monde où elle est entrée de bonne heure et où elle a passé sa vie.

De sa jeunesse nous savons peu de chose. Son cousin, Bussy-Rabutin, à qui on voulait la marier, prétend qu'il fut effrayé de « certaine manière étourdie » dont il la voyait agir, et qu'il la trouva « la plus jolie fille du monde, pour être la femme d'un autre ». Quoique Bussy soit un grand médisant, je suis assez tenté de le croire quand il nous parle des manières étourdies de Mlle de Chantal. Il lui avait manqué d'être élevée par une mère ; le bon abbé de Coulanges, son oncle, qui prit tant de soin de sa fortune, ne pouvait pas lui apprendre certaines délicatesses qu'une femme seule peut apprécier. Elle fréquenta de bonne heure des sociétés fort galantes où l'on ne se contraignait guère ; elle connut de près des hommes et des femmes engagés dans des liaisons qui n'étaient un mystère pour personne, et il est vraisemblable qu'avec sa finesse d'observation rien de ces intrigues transparentes ne lui échappa. Toute jeune qu'elle était, elle devait comprendre ce qu'on ne dissimulait qu'à moitié ; elle entendait ce qui se disait à demi-mots. Faut-il le regretter pour elle? je n'en sais rien. C'est un problème délicat, dans l'éducation des filles, de savoir s'il vaut mieux leur tout apprendre ou leur tout cacher. Il n'y a pas de père de famille qui n'ait été forcé d'y réfléchir, et l'on en voit d'également sages qui prennent à ce sujet des décisions contraires. C'est qu'en effet chaque méthode peut produire des effets différents suivant les esprits auxquels on l'applique. Il y en a sans doute à qui cette révélation du mal est très nuisible, quand elle vient trop tôt : elle gâte par avance leur imagination et peut leur causer des excitations précoces. D'autres, au contraire, s'y trempent le cœur : ces spectacles, auxquels on les habitue avant l'âge où ils peuvent avoir des effets funestes, les préservent, dans la suite, de surprises fâcheuses; en ôtant à certains sentiments l'attrait de l'inconnu, ils en diminuent la violence. Ce qui est certain, c'est que pour Mlle de Chantal cette connaissance prématurée des choses de la vie n'eut pas les dangers qu'on pouvait craindre. Bussy fut bien forcé plus tard de le reconnaître.

Elle épousa, nous l'avons vu, à dix-huit ans, le marquis de Sévigné. Comme elle était libre de ses actions et maîtresse de sa fortune, sous la tutelle légère de l'abbé de Coulanges, il est probable qu'elle ne fut pas contrainte, et que Sévigné lui plaisait. C'était un beau et hardi cavalier; il avait de la naissance, de la bravoure, et des gens difficiles, comme Bussy, lui trouvaient de l'esprit. Marie de Chantal, si bonne, si affectueuse, si portée à s'attacher aux gens qu'elle

fréquentait, n'avait pas d'effort à faire pour l'aimer.
On peut donc supposer que les débuts de ce mariage
furent heureux. Ils les passèrent dans leur château
des Rochers, et cette première absence fut si longue
que Bussy et son ami Lenet, un homme d'esprit qui
fut très mêlé aux intrigues de la Fronde, crurent
devoir adresser au couple amoureux, qui ne voulait
pas quitter son nid, une requête en vers agréables,
pour les ramener dans le monde :

> Salut à vous, gens de campagne,
> A vous, immeubles de Bretagne,
> Attachés à votre maison
> Au delà de toute raison, etc.

Ce fut, on n'en peut douter, un temps de bonheur
pour la jeune femme ; mais ce bonheur ne dura guère.
Sévigné se trouvait être le plus volage des maris. « Il
aima partout, nous dit Bussy, mais n'aima jamais rien
de si aimable que sa femme. » Mot charmant, qui
s'applique à beaucoup d'autres qu'au marquis de Sévigné. En même temps qu'il la désolait par ses infidélités, il la ruinait par ses folies. Il faut bien avouer
que parmi les grandes dames de ce temps, dont Cousin fait tant d'éloges, beaucoup se vendaient presque
aussi souvent qu'elles se donnaient, et Sévigné trouvait très simple de les acheter avec la fortune de sa
femme. De là, sans doute, des scènes très vives dans
le ménage. Le mari, comme tous les gens qui crai-
gnent les reproches et qui les méritent, prenait les
devants ; il était brusque, grondeur, brutal, et tirait

une sorte de vanité de ressembler au grand prieur
Hugues de Rabutin, qu'il appelait : mon oncle le
Pirate. Mme de Sévigné, à qui il ne prenait pas la
peine de cacher ses caprices, ne pouvait plus l'estimer; mais on nous dit qu'elle l'aimait encore, et,
quand il se battit en duel pour une de ses maîtresses
et fut tué par son rival, elle ne put s'empêcher de le
pleurer. Quoi que prétende Bussy, ses larmes étaient
sincères; mais on comprend bien qu'une fois la première émotion passée elle ait pris vite son parti d'un
veuvage qui lui rendait le repos et la liberté. Elle
oublia même si bien ce mari libertin et dissipateur
que, dans sa correspondance avec ses enfants, elle n'a
plus jamais prononcé son nom.

Elle avait vingt-six ou vingt-sept ans lorsque, son
premier deuil passé, elle rentra dans le monde. Ici
nous commençons à la voir d'un peu plus près. Nous
avons de cette époque un plus grand nombre de ses
lettres, et les témoignages des contemporains sur
elle deviennent plus précis. Ce retour de la jeune
veuve dans les salons à la mode fut un grand triomphe pour elle. Elle revenait plus charmante qu'on ne
l'avait jamais vue. Sa beauté, telle que nous venons
de la dépeindre, s'accommodait mieux d'une certaine
maturité d'âge que de la première jeunesse. Cette
assurance qu'elle portait dans les conversations et
qui pouvait paraître déplacée chez une jeune fille
était un grand agrément dans une femme. Elle avait
le droit de se laisser aller à la vivacité de son esprit;
elle pouvait ne plus retenir le bon mot qui lui mon-

tait aux lèvres, céder sans contrainte à cette ivresse des entretiens, où l'on s'excite mutuellement, et où chacun des interlocuteurs profite de la verve des autres. « Quand on me met à causer, disait-elle, je n'y fais pas trop mal. » Elle devait y être incomparable. Aussi eut-elle bien vite une cour d'adorateurs. Les mémoires du temps et la correspondance de Bussy nous font connaître quelques-uns de ceux qui s'empressèrent autour d'elle. C'étaient, je l'ai dit tout à l'heure, les plus grands personnages de la cour : un prince du sang, Conti, un victorieux, Turenne, un surintendant des finances, Fouquet, le duc de Rohan, le marquis de Tonquedec, le comte du Lude, celui qui fut peut-être le plus près de réussir; mais ils échouèrent tous, il faut bien le croire, puisque Tallemant, la médisance même, et Bussy-Rabutin, qui avait des rancunes à satisfaire, n'ont rien trouvé à dire d'elle. Seulement Bussy, qui ne voulait pas faire un panégyrique, essaye de rabaisser de quelque façon un mérite qu'il est forcé de reconnaître. « Elle est d'un tempérament froid, nous dit-il; au moins si l'on en croit feu son mari. Aussi lui avait-il l'obligation de sa vertu. »

Voilà, certes, une des phrases qui ont dû faire le plus de peine à Mme de Sévigné, dans ce portrait méchant que son cousin a fait d'elle. Une femme n'aime pas à entendre dire qu'elle n'a été vertueuse que par tempérament; peut-être même en est-il qui préféreraient qu'on les crût un peu coupables. Aussi cette explication de Bussy a-t-elle fort irrité les amis

de Mme de Sévigné. Le dirai-je pourtant? Je crois
qu'il est difficile d'en trouver une autre. Songeons
qu'elle n'était pas une de ces veuves dont parle
Bossuet, qui, « vraiment veuves et désolées, s'ense-
velissent elles-mêmes dans le tombeau de leur
époux ». Elle vivait au milieu d'un monde fort
galant et s'y plaisait beaucoup. Elle fréquentait des
femmes que les gens même qui n'étaient pas rigoureux accusaient d'être « un peu guillerettes ». Elle
aimait à être entourée et recevait volontiers tous les
hommages. Elle ne détestait pas les propos gail-
lards; on prétend qu'elle avait le talent d'entrer
juste dans ce qu'on lui disait et qu'elle menait ses
interlocuteurs plus loin qu'ils ne pensaient aller;
« quelquefois aussi, ajoute-t-on, on lui faisait voir
bien du pays ». Comment tout cela n'a-t-il pas plus
mal tourné? et d'où peut venir qu'une jolie femme,
qui jouait si volontiers avec le danger, n'y a pas à
la fin succombé? Elle en a donné elle-même une raison
qui paraît d'abord très vraisemblable. C'est l'amour
de ses enfants qui l'a préservée de tous les périls; il
lui aurait fallu plus d'un cœur pour aimer plusieurs
choses à la fois. « Je m'aperçois tous les jours, écrit-
elle à sa fille, que les gros poissons mangent les
petits. » Mais cette explication n'explique pas tout.
En réalité, l'affection de Mme de Sévigné pour sa fille
ne lui a suffi que parce qu'elle n'éprouvait pas le
besoin d'une autre affection. Ce sont des sentiments
de nature différente et qui ne s'excluent pas toujours
entre eux : à côté de l'amour maternel, la place est

large encore pour un autre amour. Est-ce donc, comme on l'a dit, à sa dévotion qu'il faut faire honneur de sa vertu? Mais elle était alors assez peu dévote; d'ailleurs la dévotion pouvait l'empêcher d'avoir un amant, et non de prendre un nouveau mari. Autour d'elle on lui en donnait fréquemment l'exemple; il n'y a pas d'époque où l'on ait moins supporté le veuvage qu'alors. M. de Grignan s'était déjà marié deux fois, et Mlle de Sévigné ne fut que sa troisième femme. « Il en change comme de carrosse », disait Bussy. Le prince de Guémené venait de perdre sa femme, qu'il avait fort aimée, et l'on racontait qu'il était plongé dans la plus noire douleur, lorsqu'on apprit, au bout de trois mois, que le soir, à minuit, sans que personne en sût rien que le roi, il venait de se remarier. « Il a mangé du sel toute sa vie, écrit Mme de Sévigné à sa fille, et ne saurait s'en passer; trois mois de veuvage lui ont paru trois siècles; la spéculation ne lui dissipe point les esprits, tout est à profit de ménage, et sa tendresse est appuyée sur ce *solide* inébranlable. » Le duc de Saint-Aignan attendit un peu plus longtemps. Après avoir pleuré six mois sa femme et fait mine de se retirer dans un désert, il épousa sans bruit « une petite femme de chambre » de la duchesse; il avait alors soixante-treize ans. L'année suivante il eut un fils qui fut, comme lui, de l'Académie, et vécut jusqu'en 1776 : en sorte que le père, étant né sous Henri IV, le fils ne mourut que sous Louis XVI. Les femmes faisaient comme les hommes, et personne n'aurait blâmé

Mme de Sévigné de donner vite un successeur à cc
mari qu'on trouvait qu'elle avait trop pleuré. On dit,
il est vrai, que l'expérience qu'elle avait faite du mariage ne devait pas lui donner le désir de recommencer; mais il ne manque pas de femmes qui
n'ont pas été plus heureuses qu'elle, et qui ne se
sont pas découragées pour cela. Au contraire, elles
croient avoir droit à un dédommagement, et leur premier insuccès n'est qu'une raison de plus de tenter de
nouveau la fortune. Si Mme de Sévigné n'a pas fait
comme elles, c'est qu'elle n'en avait pas le goût et
qu'elle ne s'y sentait pas portée par sa nature. En
cela sa fille lui ressemblait, et son fils aussi, malgré
ses fredaines. Il eut des maîtresses, mais pour faire
comme les gens de son âge et de son rang, et la
Rochefoucauld, bon juge en ces matières, ne le trouvait pas « du bois dont on fait les passions ». Cette
froideur de tempérament était, chez le fils et la fille,
un héritage de leur mère.

III

Par exemple, il ne faut pas croire Bussy lorsqu'il
nous dit de sa cousine que « toute sa chaleur était à
l'esprit ». Elle a beaucoup aimé, et d'une affection
solide; seulement elle donnait à l'amitié ce qu'elle
refusait à l'amour. Elle a passé sa jeunesse à se faire
des amis qu'elle a conservés jusqu'à la fin de ses
jours : est-il un sort plus enviable que le sien? Si

elle écoutait volontiers les déclarations qu'on lui faisait, c'est d'abord que ce manège ne lui déplaisait pas : elle était bien aise d'inspirer aux autres des sentiments qu'elle ne partageait pas elle-même. Mais je crois aussi qu'elle aurait craint, en se montrant trop sévère, de rebuter des gens d'esprit et de cœur qu'elle voyait s'attacher à elle : avant tout, elle ne voulait pas perdre un ami. Aussi encourageait-elle sans scrupule leurs assiduités. Comme elle n'était pas prude et que les mots ne lui faisaient pas peur, elle les laissait parler. Rien n'égalait son habileté à les arrêter par un sourire quand ils menaçaient d'aller trop loin, et à les ranimer d'un mot aimable lorsqu'ils commençaient à se désespérer. Est-ce là vraiment de la coquetterie? On l'a dit, et peut-être a-t-on eu raison de le dire. Mais ne peut-il pas y avoir une coquetterie permise en amitié, comme il y en a une dans l'amour? Mme de Sévigné ne trompait pas ceux qui lui adressaient leurs hommages; elle leur faisait clairement entendre jusqu'où elle pouvait s'engager et ce qu'ils devaient espérer d'elle. Dans ces limites, elle était capable de faire beaucoup de frais pour les garder et maintenir chez eux ce degré de chaleur et de vivacité que comportent les affections véritables.

De tous ces artifices adroits et charmants, il est resté quelque trace dans sa correspondance. C'est avec son précepteur, Ménage, qu'elle eut peut-être pour la première fois à exercer son savoir-faire. Elle lui avait beaucoup d'obligations et tenait à ne pas le blesser. D'ailleurs il ne lui déplaisait pas d'être célébrée par un des plus beaux esprits de son temps. « Dites toujours du bien de moi, lui écrivait-elle; cela me fait un honneur étrange. » Ce savant homme avait le tort de vouloir trop paraître un homme du monde; il aimait à se distinguer des gens de collège, qu'il traitait avec un profond dédain. Pour accabler son ennemi, le P. Bouhours, il se contente de dire « que c'est un petit régent de troisième qui s'est érigé en précieux ». Lui, tenait avant tout à n'être pas pris pour un pédant. Dans sa jeunesse, il avait essayé d'apprendre la courante et la gavotte, pour se donner l'air de la bonne compagnie, mais il avoue qu'après trois mois d'efforts inutiles, il fut obligé d'y renoncer. Sa fatuité se glisse jusque dans ses livres les plus érudits. S'adressant au chevalier de Méré, un bel esprit à la mode, il lui dit, dans une épître dédicatoire : « Je vous prie de vous souvenir que, lorsque nous faisions ensemble notre cour à une dame de grande qualité et de grand mérite, quelque passion que j'eusse pour cette illustre personne, je souffrais volontiers qu'elle vous aimât plus que moi, parce que je vous aimais plus que moi-même. » Ces fadaises sont singulièrement placées en tête des *Observations sur la langue française*. Il fréquentait beaucoup les dames, et, comme c'était alors l'usage, il leur disait volontiers des douceurs; le malheur est qu'en leur faisant la cour par air et par mode, le pauvre Ménage se prenait lui-même plus qu'il n'aurait voulu. Ce qui ne devait être qu'un jeu, comme la galanterie de Voiture

avec Mlle Paulet, tournait pour lui d'une manière
un peu plus sérieuse. Il fut d'abord très amoureux
de Mlle de la Vergne, qui fut plus tard Mme de la
Fayette, dans le temps même où le cardinal de Retz
disait d'elle : « Elle me plut beaucoup, et la vérité
est que je ne lui plus guère ». Ménage, pour être plus
heureux, l'accablait de compliments en toutes les
langues; il la célébra dans des vers latins, où il l'appelait :

Sequanidum sublime decus, formosa Laverna,

puis en français et en italien. Il se tourna ensuite
vers Mme de Sévigné, dont il fut, pendant plusieurs
années, l'adorateur assidu. On voit bien, par les
lettres qu'elle lui adresse et qu'on a conservées, que
ce ne fut pas une affection sans orage : Ménage
n'était jamais content. Si on lui refusait tout, il se
plaignait avec amertume; il se plaignait encore
quand on semblait lui accorder trop, parce qu'il craignait qu'on ne le traitât comme un personnage sans
conséquence. La bonne opinion qu'il avait de lui ne
l'empêchait pas de comprendre par moments le rôle
ridicule que jouait dans le monde un amoureux de
son âge et de sa qualité; du reste, ses ennemis —
il en avait beaucoup — ne le lui laissaient pas ignorer.
Il devenait alors défiant, brusque, inégal, grondeur;
il boudait, il faisait des scènes. Nous avons des vers
de lui, où il s'emporte avec violence contre Mme de
Sévigné :

> Enfin ma colère éclate.
> Je veux l'oublier, l'ingrate
> Qui se moque de mes pleurs;....
> L'orgueilleuse, la cruelle;
> Oui, je la veux oublier,
> La tigresse au cœur d'acier,
> Et dans la nuit la plus noire
> Ensevelir sa mémoire.

Mme de Sévigné était toujours occupée à le calmer. Quelquefois elle le plaisantait doucement pour le faire sourire; au besoin, elle feignait d'être jalouse : « Vous ne me faites cette querelle d'Allemand, lui disait-elle, que pour vous donner tout entier à Mlle de la Vergne. » S'il faisait mine de rester obstinément chez lui, elle lui écrivait sans fausse honte : « Je vous conjure encore une fois de venir ici; et puisque vous ne voulez pas que ce soit aujourd'hui, je vous supplie que ce soit demain. Si vous n'y venez pas, peut-être ne me fermerez-vous pas votre porte, et vous serez contraint d'avouer que vous avez un peu de tort. » Une autre fois, comme il allait s'éloigner de Paris, probablement fâché contre elle, elle achevait sa lettre en lui disant : « Adieu, l'ami de tous les amis le meilleur ». Le moyen de résister à ce mot aimable! La colère ne durait pas, et le boudeur était reconquis.

Il n'était pas bien difficile d'avoir raison de Ménage. Mais Mme de Sévigné fut aux prises avec des soupirants bien plus dangereux. Son cousin Bussy, qui l'avait dédaignée, ou plutôt redoutée, quand elle était Mlle de Chantal, se ravisa lorsqu'elle fut mariée. Il essaya sournoisement de profiter des infidélités du mari, qu'il avait soin de lui faire connaître, pour l'exciter à se venger. Son insuccès ne le découragea pas; il raconte qu'après son veuvage il fut le premier qui lui parla d'amour. Mais il avoue, avec une sincérité méritoire chez lui, qu'il ne fut pas plus heureux. Quoique le personnage d'ami ne lui parût pas tout à fait suffisant, il fut bien forcé de s'en contenter; il lui fallut, comme il dit, vouloir ce qu'elle voulait et l'aimer à sa mode. Le surintendant Fouquet offrait plus de péril encore :

Jamais surintendant trouva-t-il de cruelle?

Il attaqua Mme de Sévigné avec une audace habituée au succès, mais il fut obligé, lui aussi, « de se mettre à la raison ». On sait qu'il eut le tort de placer les lettres de la marquise dans la fameuse cassette qui contenait le secret de ses bonnes fortunes. On les y trouva, quand une perquisition fut faite dans ses papiers par ordre du roi; mais le roi et son ministre, le Tellier, qui les lurent, déclarèrent qu'elles étaient « les plus honnêtes du monde ». Fouquet, le tout-puissant Fouquet, s'était donc résigné comme les autres. « Quand vous ne voulez pas ce qu'on veut, écrivait Bussy à sa cousine, il faut bien vouloir ce que vous voulez; on est encore trop heureux de demeurer de vos amis. Il n'y a guère que vous, dans ce royaume, qui puisse réduire ses amants à se contenter de l'amitié. »

Peu de gens ont eu autant d'amis que Mme de Sévigné. Dans toutes les crises de sa vie, sa correspondance nous la montre entourée de personnes dévouées, qui s'empressent de lui être agréables et utiles. Elle-même s'étonnait de cette bienveillance générale. « Je reçois mille amitiés, disait-elle ; j'en suis toute honteuse. Je ne sais ce qu'on a à me tant estimer. » L'explication pourtant était très simple à trouver : on l'aimait parce qu'elle aimait les autres ; quoi qu'on dise, c'est encore le moyen le plus sûr de s'attacher les cœurs ; on ne faisait que lui rendre ce qu'elle donnait. Un de ceux qui l'ont le mieux connue, la Rochefoucauld, avait coutume de dire « qu'elle contentait son idée de l'amitié avec toutes ses circonstances et ses dépendances ». Il est fâcheux que la Rochefoucauld n'ait pas développé davantage son opinion et qu'il ne nous ait pas dit par quelles qualités Mme de Sévigné lui semblait mériter ce bel éloge : nous aurions ainsi un traité de l'amitié de la main d'un maître. Ce qu'il n'a pas fait, personne ne peut le faire aujourd'hui. A la distance où nous sommes de Mme de Sévigné, bien des choses nous échappent que voyaient les gens de son temps. Interrogeons pourtant ses lettres, et tâchons d'y découvrir, s'il se peut, quelques-unes des raisons qui la faisaient aimer de ceux qui vivaient près d'elle.

Ce qui frappe d'abord, c'est de voir combien elle est, en général, bonne, aimable et bienveillante. Ce mérite est d'autant plus remarquable qu'il s'agit ici d'une correspondance intime, où elle pouvait ouvrir son cœur sans crainte. Pascal dit quelque part : « La vie humaine n'est qu'une illusion perpétuelle. On ne fait que s'entre-tromper et s'entre-flatter. Personne ne parle de nous en notre présence comme il en parle en notre absence. L'union qui est entre les hommes n'est fondée que sur cette mutuelle tromperie, et peu d'amitiés subsisteraient si chacun savait ce que son ami dit de lui lorsqu'il n'y est pas. » Il me semble que si la plupart de ceux dont Mme de Sévigné parle à sa fille avaient pu lire ses lettres, ils n'y auraient trouvé aucune de ces blessures cruelles qui ne peuvent pas se pardonner. C'est une épreuve à laquelle peu de correspondances intimes pourraient résister. Quand on se croit sûr de la personne à qui l'on s'adresse, qu'on se fie à sa discrétion et qu'on lui dévoile les impressions fugitives qui traversent l'esprit, que de confidences précipitées, que de soupçons injustes, que d'accusations sans fondement échappent à un premier moment de dépit, que de méchants propos dont on n'est pas le maître, et qu'on voudrait reprendre aussitôt qu'on les a lâchés ! Quoi qu'on ait dit, je ne vois rien ou presque rien de pareil chez Mme de Sévigné. Elle avait trop d'esprit pour ne pas apercevoir les travers de ses amis ; mais elle n'y touche que d'une main légère. Elle n'est pas toujours tendre pour les sots qui l'ennuient et les importuns qui viennent la déranger ; il lui arrive de rapporter de bonnes histoires pour amuser sa fille, et, une fois qu'elle est en train de les raconter, sa verve l'emporte, et elle va quelquefois plus loin qu'elle ne voulait; mais sa plaisanterie n'égratigne pas, comme celle de Bussy, et il y a toujours quelque chose de souriant dans sa malice. En somme, je ne vois personne, de tous ceux dont elle parle dans sa correspondance, qu'elle ait tout à fait détesté. Elle juge favorablement ceux qu'elle connaît; tout le monde est bon avec elle : le bien Bon, la bonne Troche, le bon d'Hacqueville, la bonne Marbeuf, la bonne Tarente; elle voit les gens en bien et le monde en beau. Je sais bien qu'elle s'est irritée, un jour de mauvaise humeur, de l'optimisme de Malebranche. « Je voudrais bien me plaindre au père Malebranche des souris qui mangent tout ici : cela est-il dans l'ordre? Quoi? de bon sucre, du fruit, des compotes! Et l'année passée, était-il dans l'ordre que de vilaines chenilles dévorassent toutes les feuilles de notre forêt et de nos jardins, et tous les fruits de la terre? Et le père Païen, qui s'en revient paisiblement, à qui l'on casse la tête, cela est-il dans la règle? » Mais ce n'est qu'une boutade; d'ordinaire, il ne lui paraît pas que le monde marche si mal qu'on le prétend. Elle n'a point de ces révoltes contre l'opinion qui sont familières aux esprits aigris. « Voilà mon ancienne thèse, écrit-elle, qui me fera lapider un jour : c'est que le public n'est ni fou ni injuste. » Même arrivée au déclin, elle ne juge point la vie avec amertume et ne jette pas un regard chagrin sur les années passées. Elle disait un jour à sa fille, en lui rappelant certaines circonstances fâcheuses qu'elle avait traversées : « Trouvez-vous que ma fortune ait été fort heureuse? j'en suis contente ». Elle avait bien quelquefois, le soir, « des pensées gris brun, qui, la nuit, devenaient tout à fait noires ». Mais d'ordinaire elle les laissait dans sa solitude et n'en affligeait pas les gens qu'elle fréquentait. C'était une de ces personnes que le monde excite, qui se trouvent si à l'aise dans la société de leurs amis qu'elles y oublient leurs misères, et portent partout la joie avec elles. Elle avait un bon rire et une franche gaieté à laquelle les plus mélancoliques ne résistaient pas. Elle savait dérider le cardinal de Retz, ce grand ambitieux déçu; quand elle entrait dans ce jardin du faubourg Saint-Germain où le morose la Rochefoucauld et la sage Mme de la Fayette vieillissaient tristement ensemble, c'était comme un rayon de soleil qui perçait la brume. Il y a des gens qu'une sorte d'indifférence générale rend bienveillants pour tous, et qui ne font bon accueil à tout le monde que parce qu'ils ne préfèrent personne. L'amitié de Mme de Sévigné avait, au contraire, des ardeurs qui ont quelquefois surpris. Napoléon, en lisant les lettres qu'elle a écrites à M. de Pomponne pendant le procès de Fouquet, remarque que l'intérêt qu'elle porte au surintendant est bien chaud, bien vif, bien tendre pour de la simple amitié. C'était sa façon d'aimer ses amis, et il y avait ici une raison particulière qui l'empêchait de se contraindre et donnait plus de vivacité à l'expression de ses sentiments : cet ami était malheureux.

Souvenons-nous, à ce propos, que Mme de Sévigné, par son âge et son éducation, appartient encore à la jeunesse du XVIIe siècle. Elle est de celles qui applaudirent les premières aux pièces de Corneille, et qui se sont formé l'esprit et le cœur dans les romans de la Calprenède et de Mlle de Scudéry. Ce sont des livres bien médiocres, comme œuvres littéraires, mais il y règne un certain idéal de politesse et d'héroïsme, dont un jeune cœur devait s'éprendre. Longtemps après, dans la retraite solitaire des Rochers, elle relisait *Cléopâtre* et y retrouvait toutes ses anciennes émotions. « Le style de la Calprenède est maudit en mille endroits, disait-elle : de grandes périodes de roman, de méchants mots; je sais tout cela. J'écrivis l'autre jour une lettre à mon fils de ce style, qui était fort plaisante. Je trouve donc qu'il est détestable, et je ne laisse pas de m'y prendre comme à de la glu. La beauté des sentiments, la violence des passions, la grandeur des événements, et le succès miraculeux de leur redoutable épée, tout cela m'entraîne comme une petite fille. » Ces admirations de sa jeunesse ont laissé leur empreinte sur elle. Elle en a gardé une sorte de goût naturel pour tout ce qui était grand, hardi, héroïque. Il lui plaît de tenir tête à la fortune; elle éprouve un certain orgueil à ne pas changer avec elle et à rester attachée à ceux qu'elle abandonne. Elle avait mis le surintendant à la raison pendant qu'il était tout-puissant; lorsqu'il fut réduit à disputer sa vie à des juges prévenus et malveillants, elle éprouva pour lui une tendresse qui approchait de l'amour. De même, la disgrâce de Pomponne le lui rendit plus cher. « Le malheur ne me

chassera pas de cette maison », avait-elle dit quand
elle apprit qu'il était congédié, et elle tint parole ; on
sent, dans ses lettres, son affection devenir plus vive
à mesure qu'elle le voit plus triste et plus délaissé.
Cette pointe de générosité relève encore sa bonté et
sa bienveillance naturelles, et leur donne un charme
de plus. Pouvons-nous être surpris qu'avec des qualités si aimables elle ait été tant aimée ?

IV

Il me semble que, pour connaître Mme de Sévigné,
ce n'est pas assez de l'étudier elle-même. Il nous faut
au moins avoir entrevu quelques-uns de ceux qu'elle
a aimés. Elle leur était si tendrement attachée qu'ils
font pour ainsi dire partie de son existence même, et
qu'elle serait incomplète sans eux.

Commençons cette revue de son intimité par ceux
qui lui étaient le plus proches, par ses enfants. Son
fils était l'honneur et la bonté même, et il y a peu de
figures, dans toute la correspondance, qui nous attire
plus que la sienne. Il adorait sa mère et ne lui a
jamais causé de chagrin sérieux. Je veux bien qu'elle
ait été fâchée de le voir quelquefois fréquenter de
mauvaises compagnies et compromettre sa réputation
et sa santé dans des aventures galantes ; et pourtant
nous voyons qu'elle en prenait assez aisément son
parti. Quand elle essayait de lui faire quelque répri-
mande, le fils y répondait si gaiement que le sermon

finissait, d'ordinaire, par un éclat de rire. D'ailleurs, lorsqu'il revenait, un peu blessé, se refaire dans la retraite des Rochers, il y apportait tant d'esprit, tant de bonté, tant de ressources de conversation, un jugement si juste des bons ouvrages, il était une si aimable compagnie que Mme de Sévigné se prenait pour « le petit ami » d'une très vive tendresse et ne pouvait plus le quitter.

Il nous semble bien que Charles de Sévigné aurait dû être l'enfant préféré de sa mère. D'abord, c'était un fils, et l'on sait les complaisances infinies qu'on avait, dans ces familles aristocratiques, pour celui qui devait continuer la race. C'était, de plus, le meilleur des fils, le plus affectueux, le plus soumis. Assurément Mme de Sévigné l'aimait beaucoup; mais elle aimait mieux sa fille. Pourquoi? nous l'ignorons; et probablement elle ne le savait pas mieux que nous. Autour d'elle, on ne se l'expliquait pas davantage; malgré le soin qu'on prenait de flatter sa faiblesse, nous voyons bien que ses meilleurs amis, notamment Mme de la Fayette, trouvaient qu'elle avait tort. Les moralistes nous disent que les passions les moins raisonnées et les moins raisonnables sont, en général, les plus fortes. Celle de Mme de Sévigné pour sa fille avait un degré de violence extraordinaire. Toutes les ardeurs de son âme se portaient de ce côté. Son affection maternelle sembla quelquefois tenir de la nature de l'amour; elle en eut les agitations et les orages; comme l'amour, elle fit le bonheur et le tourment du cœur qu'elle posséda tout entier.

Celle qui fut l'objet de cette passion, Mme de Grignan, a été jugée avec beaucoup de sévérité de son
temps et du nôtre. Bussy disait d'elle : « Cette femme
a de l'esprit, mais un esprit aigre, d'une gloire insupportable. Elle se fera autant d'ennemis que sa mère
s'est fait d'amis et d'adorateurs. » Saint-Simon, qui
avait beaucoup connu son fils, le jeune marquis de
Grignan, ne la traite pas mieux. Ce qui est fâcheux
pour elle, c'est que la lecture des lettres de Mme de
Sévigné ne nous paraît pas de nature à nous faire
revenir de ce jugement. Malgré tous les éloges dont
elle comble sa fille, on y prend des impressions qui
ne lui sont pas favorables. La pauvre mère serait
bien peinée si elle pouvait voir qu'elle est cause de
l'antipathie que nous éprouvons pour Mme de Grignan. Il est sûr qu'elle lui a beaucoup nui sans le
vouloir. On l'aime tant elle-même, elle paraît si
bonne, si douce, si prévenante, qu'on se demande
comment une fille si adorée et si adulée a eu quelque
peine à s'accorder avec elle.

Il n'est pourtant pas difficile de le comprendre
quand on voit combien elles différaient l'une de l'autre. Jetons un regard sur leurs deux portraits, qu'on
place quelquefois dans le même cadre : c'est un con-
traste parfait. Rien ne ressemble moins à cette face
ouverte, large, qui respire chez la mère la bienveillance, la sincérité, la belle humeur, que la petite
figure délicate et minaudière de la fille. Mais il y
avait bien plus de diversité encore dans leurs caractères. Mme de Grignan joignait deux défauts qui

semblent contraires, et qui se rencontrent souvent ensemble, l'orgueil et la timidité. Quand on a de grandes ambitions et une trop bonne opinion de soi qu'on tient à faire partager à tout le monde, on est toujours inquiet de ce que les autres pensent de nous, et l'on craint de rien hasarder, de peur de ne pas réussir autant qu'on le voudrait. Jeune, Mme de Grignan était sujette à rougir au moindre mot qu'on lui disait, et sa contrariété en était si grande qu'elle quittait le bal pour ne pas offrir aux malins le spectacle de son embarras. Le temps et l'habitude du grand monde ne parvinrent jamais à lui donner de l'assurance. Un jour, au jeu du roi, elle fut tellement troublée qu'elle jeta tout l'argent à terre, et que M. le Duc se moqua d'elle sans pitié. Ce fut « une de ces cruelles petites choses » qu'on sent si vivement à la cour. D'ordinaire, les gens timides paraissent fiers. Pour cacher leur timidité, dont ils sont honteux, ils lui donnent un air d'insolence. Leur réserve, qui n'est le plus souvent que l'effet de leur embarras, semble venir du mépris qu'ils ont pour les autres. Mme de Grignan passait pour une grande dédaigneuse, même aux yeux de ceux qui la fréquentaient le plus. Son mari, avant de l'emmener dans son gouvernement, disait en confidence à Mme de Sévigné : « Madame, elle ne daignera pas regarder ces pauvres femmes de Provence ». Les dédaigneux, ou ceux qu'on croit l'être, sont généralement détestés. Mme de Grignan savait bien qu'on ne l'aimait pas, et elle s'en plaignait à sa mère, qui ne la rassurait qu'imparfaitement. Ce sentiment qu'elle avait qu'on la jugeait mal la rendait elle-même aigre et méchante. Comme on n'était pas doux pour elle, à son tour elle était sévère aux autres. Il y avait peu de personnes dont elle dît du bien, et elle n'épargnait pas même les meilleurs amis de sa mère; elle ne goûtait pas l'esprit de Mme de la Fayette, le duc de Chaulnes lui semblait un homme de mauvaise compagnie, elle trouvait moyen de s'ennuyer avec Coulanges, elle taquinait Corbinelli, elle refusait durement un cadeau du cardinal de Retz, qui l'appelait sa chère nièce et voulait lui laisser son héritage. C'étaient là des représailles de la mauvaise opinion qu'elle savait bien qu'on avait d'elle : elle s'en vengeait en la méritant.

Que nous sommes loin de la large bienveillance de Mme de Sévigné, de cette habitude de voir le bien en toute chose, et de ne juger les gens que par leurs bons côtés! Elle au moins n'était ni vaniteuse ni timide; elle ne s'inquiétait pas d'avance de l'effet qu'elle allait produire. Quand il lui fallait écrire ou parler, elle « laissait couler le torrent », et tout ce qui lui venait à l'esprit, tout ce qu'elle avait dans le cœur lui échappait à la fois. Mme de Grignan, au contraire, éprouvait une sorte de resserrement d'âme qui empêchait ses sentiments de sortir. Elle disait d'elle-même « qu'elle était d'un tempérament peu communicatif »; ce mot, dont nous faisons aujourd'hui tant d'usage, et qu'elle était une des premières à employer, la dépeint à merveille. Devant sa mère, elle ne pouvait pas parler; elle semblait gênée, indiffé-

rente; elle ne savait que répondre à des témoignages d'amitié dont elle se trouvait accablée. Plus
tard, quand elle était seule et hors de cette présence qui la glaçait, elle retrouvait sa liberté d'esprit, et les termes d'affection venaient au bout de
sa plume. « Méchante, lui disait Mme de Sévigné,
pourquoi me cachez-vous de si précieux trésors?
vous avez peur que je ne meure de joie! » Quand on
est tiède soi-même, il est naturel qu'on soit impor-
tuné par la chaleur des autres; on éprouve une
sorte de confusion à recevoir des marques d'affection auxquelles on sent bien qu'on ne peut pas tout
à fait répondre. Mme de Grignan finissait par être
un peu fatiguée par l'amitié exubérante de sa mère.
« Il y a des gens, lui écrivait Mme de Sévigné, qui
m'ont voulu faire croire que l'excès de mon amitié
vous incommodait. Je ne sais, ma chère enfant, si
cela est vrai : ce que je puis vous dire, c'est qu'assurément je n'ai pas eu dessein de vous donner cette
sorte de peine. J'ai un peu suivi mon inclination, je
l'avoue, et je vous ai vue autant que je l'ai pu, parce
que je n'ai pas eu assez de pouvoir sur moi pour me
retrancher ce plaisir; mais je ne crois pas avoir été
pesante. » Elle l'était quelquefois, sans le savoir.
Pascal a dit qu'il faut de l'adresse pour aimer; mais
on n'est guère adroit quand on aime trop : au lieu de
se modérer et de se régler, de contenir les excès de
son affection, la pauvre mère ne savait que gémir et
pleurer, et la vie commune devenait intolérable.
Pendant l'hiver de 1676, après une absence de près

de deux ans, Mme de Grignan était revenue trouver
sa mère à Paris. Par malheur, elles étaient toutes les
deux assez mal accommodées en ce moment ; la fille
souffrait de la poitrine, la mère se remettait mal
d'une attaque de rhumatisme. Comme chacune d'elles
tremblait pour l'autre, elles se fatiguaient de leurs
inquiétudes mutuelles : c'était une surveillance de
tous les instants, des soucis, des prévenances exa-
gérées, des plaintes sans fin, des reproches à tout
propos. Sous le prétexte de se guérir plus vite, elles
se rendaient plus malades ; elles s'ôtaient cette tran-
quillité d'esprit qui est la moitié de la santé. Charles
de Sévigné, malade lui-même d'une blessure qu'il
avait reçue au siège de Valenciennes, racontait à sa
sœur comment sa mère et lui s'entendaient à se soigner, et à ce propos, avec son bon sens aimable, lui
faisait une petite leçon : « Nous nous gardons mutuellement ; nous nous donnons une honnête liberté ;
point de petits remèdes de femmelettes. — Vous vous
portez bien, ma chère maman, j'en suis ravi. Vous
avez bien dormi cette nuit ? comment va la tête ?
point de vapeurs ? Dieu soit loué ; allez prendre l'air,
allez à Saint-Maur, souper chez Mme de Schom-
berg, promenez-vous aux Tuileries. Du reste, vous
n'avez point d'incommodité ; je vous mets la bride sur
le cou. Voulez-vous manger des fraises ou prendre
du thé ? les fraises valent mieux. Adieu, maman.
J'ai mal au talon ; vous me garderez, s'il vous plaît,
depuis midi jusqu'à trois heures : puis *vogue la ga-
lère !* — Voilà, ma petite sœur, comment font les gens

raisonnables. » Mais elles n'étaient pas tout à fait
raisonnables, et les tracasseries réciproques devin-
rent à la fin si fortes qu'il fallut renoncer à vivre
ensemble. « Je saute aux nues, écrivait Mme de
Sévigné, quand on vient me dire : vous vous faites
mourir toutes deux, il faut vous séparer. Vraiment,
voilà un beau remède ! » C'était vrai pourtant, « elles
se tuaient l'une l'autre », et la séparation, quoi qu'en
pensât Mme de Sévigné, devait être pour sa fille un
remède efficace. A peine eut-elle quitté Paris qu'elle
se sentit mieux portante ; et quand elle fut arrivée à
Grignan, elle était guérie.

Ce qui désolait Mme de Sévigné, c'est que par
moments, à la suite de ces scènes, elle arrivait à
croire « que sa fille avait de l'aversion pour elle ».
C'était une injustice : Mme de Grignan aimait sa mère.
« Il me semble, disait-elle à Bussy, que c'est mon
meilleur endroit. » Mais elle l'aimait à sa façon, qui
n'était pas celle de Mme de Sévigné. Ce qui prouve
que cette affection, quoique plus calme, n'en était
pas moins réelle, c'est que les séparations, quand
l'heure en était venue, n'allaient pas sans larmes des
deux côtés. « Vous pleurâtes, ma très chère, écrit
Mme de Sévigné à sa fille le lendemain de son départ, et c'est une affaire pour vous ; ce n'est pas la
même chose pour moi : c'est mon tempérament. »
Alors commençaient pour toutes deux des correspondances interminables. Songeons que, pendant
vingt-cinq ans, Mme de Grignan n'a jamais manqué
un ordinaire, quand elle n'était pas empêchée par la

maladie. Toute l'année, quelles que fussent ses occupations, elle écrivait à sa mère, deux fois par semaine, des lettres que celle-ci, quand elle songeait au temps et à la peine qu'elles devaient coûter, trouvait beaucoup trop longues, qu'elle la suppliait à genoux d'abréger, malgré le plaisir qu'elle éprouvait à les lire. Ces lettres devaient être plus tendres, plus affectueuses que nous ne le supposons, puisqu'elles contentaient Mme de Sévigné, dont l'amitié était si exigeante ; il est probable que cette sensibilité craintive prenait plus d'audace à distance ; Mme de Grignan n'avait plus honte de s'abandonner quand elle n'était pas sous le regard de ceux qu'elle aimait. Elle osait montrer son cœur comme il était, et la mère ravie lui disait : « Quand vous voulez, vous êtes adorable ».

Je suis donc tenté de croire que nous aurions une meilleure idée de Mme de Grignan si nous pouvions lire ses lettres. On lui a rendu un mauvais service en les détruisant. Peut-être était-elle, en réalité, moins égoïste, moins indifférente qu'on ne le suppose : les indifférents ne souffrent pas, et elle paraît avoir beaucoup souffert. Mme de Sévigné admire souvent la profondeur, l'énergie, la solidité de sa fille, et la met, par ce côté, bien au-dessus d'elle. Je ne crois pas qu'elle méritât tout à fait ces compliments. On nous donne, d'ordinaire, comme étant la marque d'une raison ferme et audacieuse, ses témérités d'opinions, ses escapades philosophiques dans la doctrine de Descartes, ses velléités d'hérésie.

J'avoue que j'y vois plutôt l'inquiétude d'un esprit qui manque d'équilibre, et comme un besoin d'agitation dans le vide. C'était au fond une âme troublée, malade, et qui se nourrissait de chimères. Obligée de vivre par devoir dans le monde, elle ne rêvait que solitude ; elle voyait tout en noir, elle se faisait des chagrins de tout. Sa mère lui reprochait d'avoir une sorte de goût pour les désespoirs et les tristesses ; elle appartenait déjà à cette catégorie de désenchantés et de désespérés qui, depuis, est devenue si nombreuse. Au lieu de l'attaquer, comme on le fait d'ordinaire, il faut peut-être un peu la plaindre. Je m'imagine que c'était une de ces natures malheureuses qui sont destinées, en se tourmentant elles-mêmes, à faire le tourment des autres.

V

Après sa fille et son fils, il n'y a personne qui ait été mêlé de plus près à la vie de Mme de Sévigné que son cousin, le comte de Bussy-Rabutin. De celui-là nous aurions beaucoup à dire si nous voulions l'étudier sous toutes ses faces : c'est un des personnages les plus curieux du XVIIe siècle. Bornons-nous, autant que possible, à ce qu'il est nécessaire de savoir pour comprendre ses rapports avec sa cousine.

Peu de personnes ont débuté dans la vie d'une façon aussi tapageuse que Bussy. Soldat à seize ans, et dès le premier jour remarqué pour sa bravoure et son sang-froid, il commande à dix-huit ans le régiment de son père et fait déjà du bruit par ses fredaines. A vingt ans, il est nommé mestre de camp d'infanterie ; il a des duels et des aventures galantes ; on ne doute pas qu'il n'arrive vite à la plus haute fortune, et il en doute moins que personne. Les circonstances sont favorables : une guerre importante est engagée, qui met les gens de cœur en relief ; un grand règne s'annonce, et l'on en sent les approches. Tout se renouvelle, les mœurs et les opinions changent, et déjà paraissent les acteurs qui vont jouer les premiers rôles sur cette scène rajeunie. Impatient de prendre sa place, Bussy essaye d'attirer l'attention par tous les moyens : il se donne les qualités et surtout les vices à la mode ; il frappe, il étonne, au besoin il scandalise ; il force tout le monde à parler de lui. Parmi les moyens qu'il emploie pour faire du bruit, il en est un dont assurément il ne se serait pas avisé quelques années plus tôt. Il veut passer pour un habile lettré ; il fait des vers qu'il donne à lire à ses amis, surtout à ses amies, et il compose un roman qu'il laisse courir dans les sociétés élégantes. C'est un signe des temps : la littérature devient une puissance, et Bussy s'en sert pour se mettre en crédit. Tout paraît d'abord lui réussir ; il est nommé lieutenant général ; il commande la cavalerie légère dans l'armée de Turenne ; il devient membre de l'Académie française ; mais tout d'un coup la publication de son *Histoire amoureuse des Gaules*, où les personnes les plus importantes du royaume étaient maltraitées, soulève la colère de ses victimes; il est enfermé pendant treize mois à la Bastille, puis exilé dans ses terres, où il resta dix-sept ans avant d'avoir la permission de retourner à Paris.

C'est dans ce livre qu'il avait placé le portrait de Mme de Sévigné dont j'ai déjà cité quelques passages. Ce portrait a ceci de remarquable que rien n'y est tout à fait exact, mais que rien n'y est tout à fait faux. Les traits, pris isolément, y sont grossis et dénaturés, et pourtant l'ensemble se reconnaît. De cette façon, il pouvait satisfaire la malignité de tout le monde : il contenait assez de mensonge pour réjouir les malveillants, et assez de vérité pour permettre aux amis de s'en amuser sans scrupule; Corbinelli, le bon Corbinelli, avoue qu'il ne le lisait pas sans rire. La colère de Mme de Sévigné, quand elle se vit imprimée et dans les mains de tout le monde, surprit beaucoup Bussy : il était de ces gens qui, oubliant très vite le mal qu'ils ont fait, s'étonnent que ceux qui en ont souffert s'en souviennent; il finit pourtant par demander et par obtenir le pardon de sa cousine, et ils recommencèrent à s'écrire sans interruption, jusqu'aux dernières années de leur vie.

C'est à l'aide de cette correspondance que nous pouvons suivre Bussy dans son exil. On sait qu'il ne le supporta pas avec courage, ce qui ne dut guère surprendre ceux qui le connaissaient à fond.

Tout était chez lui en surface; il avait plus de vanité que d'ambition; il aimait plus le bruit que la gloire, et, malgré les airs de capitan qu'il prenait volontiers, il manquait d'énergie véritable. Il crut devoir se donner quelquefois des attitudes résignées et prononcer quelques-unes de ces belles phrases que les sots prennent pour des vérités. « Comme je sais, écrivait-il, qu'il faut aller à la mort de quelque lieu où l'on soit, j'aime autant partir de Bourgogne pour ce voyage que de Paris ou de Saint-Germain. » En réalité, il compte bien que la mort ne le trouvera pas en Bourgogne, mais à Saint-Germain ou à Paris. Son espérance est fondée sur un raisonnement auquel il s'attache avec obstination et qu'il a souvent répété à ses amis. Tout arrive, leur dit-il, et rien ne dure; il n'y a pas de bonheur ou d'infortune qui soient éternels. Si l'homme heureux doit toujours craindre, le malheureux peut toujours espérer. Son tour viendra un jour ou l'autre; il s'agit seulement qu'il ne meure pas avant que ce jour soit arrivé. Toute la sagesse d'un exilé consiste donc à se conserver pour ne pas manquer à sa fortune. Bussy y prenait peine, et il cherchait autant qu'il le pouvait à fuir toutes les émotions qui sont nuisibles à la santé. Quand il perdit le marquis de Vardes, un de ses meilleurs amis, il se contenta d'écrire à Corbinelli : « Après l'avoir regretté honnêtement tous deux, ne songeons plus qu'à ne le pas sitôt suivre ». Il ne pouvait pas pourtant s'empêcher de trouver que ce jour sur lequel il comptait avec tant d'assu-

rance, ce jour de réparation et de justice, se faisait
bien attendre ; plus d'une fois la patience lui échappe ;
ce masque de résignation tombe, et l'aigreur cachée
se trahit par des traits violents de satire. Il attaque
alors les favoris, les maîtresses, les ministres. Voici,
en deux mots, l'oraison funèbre de Colbert : « On
lui trouva sept pierres dans le rein, qui ne me sur-
prirent pas tant que de ne lui en point trouver dans
le cœur ». La mort de Mme de Seignelay, à dix-
huit ans, lui arrache ce cri de joie sauvage : « Nous
serions au désespoir, nous autres malheureux, si
Dieu ne nous régalait de temps en temps de la mort
de quelque ministre ».

Des traits pareils sont rares dans sa correspondance, et j'avoue que je le regrette : je l'aime mieux
révolté que soumis. Je ne puis me faire à son appa-
rente résignation, qui est démentie par les efforts
qu'il tente à tout moment pour désarmer ses ennemis
et mériter sa grâce. Il faut dire que sa situation était
très délicate et qu'il en sentait les difficultés. Il savait
qu'en général on ne l'aimait pas ; comme il était
entêté de sa noblesse et de son mérite, aigre, poin-
tilleux, il ne vivait bien avec personne. Il se fâcha
un jour avec le maréchal de Bellefonds, qui s'était
servi de cette phrase, en lui écrivant : « Je vous
supplie de me conserver vos bonnes grâces ». C'était
« l'honneur de vos bonnes grâces » qu'il aurait fallu
mettre. L'*Histoire amoureuse des Gaules* avait obtenu
un très grand succès, mais un de ces succès de scandale qui, en donnant des lecteurs au livre, font des

ennemis à l'auteur. Il suffisait de la lire pour se confirmer dans cette opinion que Bussy était un insupportable railleur qui ne respectait rien. Nous n'avons pas l'idée aujourd'hui qu'on puisse ainsi se permettre de livrer au public la vie privée des personnes les plus importantes de la société, raconter leurs aventures en les embellissant de détails abominables empruntés à l'écrivain le plus cynique de l'antiquité. Quelque perdues de réputation que fussent la comtesse d'Olonne et la duchesse de Châtillon, elles appartenaient aux premières familles du royaume, elles avaient des maris, des parents que leur déshonneur devait couvrir de honte; comment comprendre qu'on ait pu dire ouvertement, dans un livre que tout le monde pouvait lire, qu'elles étaient débauchées, perfides, intéressées, qu'elles changeaient d'amants selon leurs caprices ou leurs besoins, qu'elles se livraient pour deux mille pistoles à des traitants sans naissance et sans honneur? Personne n'est épargné dans ce roman satirique, ni le prince de Marcillac, qu'on nous montre, comme Samson, écrasant ses ennemis « avec sa mâchoire d'âne »; ni les comtes de Guiche et de Manicamp, à qui l'on prête des mœurs honteuses; ni le prince de Condé, « né fourbe, insolent, sans égards »; ni la duchesse de Longueville, « qui était malpropre et sentait mauvais ». Quand on vit que Bussy s'attaquait à tous, chacun trembla pour lui-même, et tout le monde fut aise de voir punir une insolence dont personne ne se croyait à l'abri. Bussy sentait donc qu'il n'était

pas soutenu par l'opinion de ses contemporains; et
ce qui achevait de l'exaspérer, c'est qu'il devinait
qu'il ne pouvait pas compter davantage sur la bienveillance de la postérité. Il n'espérait pas, disait-il à
Mme de Sévigné, que l'histoire le traitât mieux que
n'avait fait la fortune, « parce que ceux qui l'écrivent
sont pensionnaires de la cour et ne composent leurs
livres que sur les mémoires des ministres ». Il a été
plus malheureux encore qu'il ne le croyait. Ce ne
sont pas seulement les historiens officiels qui l'ont
maltraité, mais des écrivains indépendants, qui n'attendaient rien de la cour et qui détestaient les ministres. Saint-Évremond, exilé aussi et pour des motifs
plus futiles, ne l'a pas épargné : « Il a préféré, dit-il,
à son avancement le plaisir de faire un livre et de
donner à rire au public; il a voulu se faire un mérite
de sa liberté, et il n'a pas soutenu jusqu'au bout ce caractère. Quand on a renoncé à sa fortune par sa faute,
et quand on a bien voulu faire tout ce que M. de
Bussy a fait de propos délibéré, on doit passer le
reste de ses jours dans la retraite, et soutenir avec
quelque dignité un rôle fâcheux dont on s'est chargé
mal à propos. » Saint-Simon, qui n'est pas suspect
non plus de servilité, et qui ne travaille pas sur les
mémoires des ministres, rencontrant Bussy sur son
chemin, se contente de dire de lui « qu'il est connu
par son *Histoire amoureuse des Gaules*, et plus encore par la vanité de son esprit et la bassesse de son
cœur ».

Il passa les dix-sept ans de son exil dans ses terres

de Bourgogne, à Chaseu, à Forléans, à Bussy. Par
un hasard heureux et rare, le château de Bussy est
à peu près aujourd'hui dans l'état où son maître l'a
laissé. Il se vante, dans ses lettres, d'en avoir fait
« une des plus belles maisons qu'il y eût en France »;
nous trouvons l'éloge un peu excessif. C'est une
bâtisse assez lourde, qui domine une petite vallée
sans caractère, entourée par des hauteurs qui ne sont
pas des montagnes, arrosée par des cours d'eau qui
ne sont pas des rivières. Devant l'entrée du château
s'étend un parc planté de beaux arbres, mais dont
l'inégalité du terrain ne permet pas d'embrasser la
grandeur. De l'autre côté, un parterre assez mes-
quin, avec de petites allées droites et un semblant de
ruisseau, forme une terrasse d'où l'œil aperçoit un
horizon médiocre et commun. Quelques maisons d'un
pauvre village se groupent au pied du château; le
reste est disséminé dans la plaine ou s'étage le long
de la colline, en sorte qu'on ne trouve là tout à fait
ni la beauté sévère de la solitude, ni le mouvement
et l'agitation de la vie. Mais Bussy n'était pas un ami
de la nature. Je suppose que la vue qu'on pouvait
contempler des fenêtres du château lui était fort
indifférente et qu'il ne se promenait dans les allées de
son parc que pour obéir à des prescriptions d'hy-
giène. Qu'a donc pu faire, au milieu des champs, cet
exilé qui ne pouvait pas souffrir la campagne, pour
remplir le vide de ses longues journées? Il nous le
dit plus d'une fois dans sa correspondance : dès
qu'il est arrivé en Bourgogne, au sortir de la Bas-

tille, il a fait venir de Dijon, et même de Paris, des
artistes de tout genre, surtout des architectes et des
peintres, et il s'est mis à embellir ses salons. Les
salons, voilà ce qu'on aimait le mieux au XVIIe siècle,
ce qui rappelait les moments les plus heureux de la
vie, ceux qu'on avait passés dans des réunions charmantes, au milieu de personnes aimables et de gens
d'esprit; en sorte que Le Nôtre, pour plaire à cette
société mondaine, fit du parc de Versailles comme
une reproduction du château lui-même, avec de longues galeries où les arbres forment une voûte en se
rejoignant et qui mènent à des cabinets et à des salles
de verdure. La manière dont Bussy a décoré sa maison nous fait bien voir en quel état d'esprit il était
alors et ce qui occupait toutes ses pensées : il se
nourrissait de souvenirs et de regrets, il ne songeait
qu'à ce monde séduisant dont il était banni, il voulait à tout prix en avoir une image devant les yeux.
Plusieurs pièces sont ornées d'emblèmes et d'allégo-
ries qui se rapportent presque toutes à sa maîtresse,
la belle marquise de Montglas; Bussy, qui l'accusait
de l'avoir abandonné dans son malheur, qui la faisait
représenter plus légère que le vent, plus changeante
que la lune, plus fugitive que l'hirondelle, montre
bien, par l'acharnement même qu'il met à la pour-
suivre, qu'il l'aimait toujours. Dans un de ses salons,
il a réuni les portraits des grands capitaines de son
temps et s'est mis sans façon en leur compagnie. Ailleurs il a fait peindre toutes les femmes qu'il a fré-
quentées, avec des inscriptions qui sont souvent des

épigrammes. Il lui semblait sans doute qu'il n'avait pas tout à fait quitté Paris et Versailles, quand il retrouvait autour de lui toutes ces figures de connaissance qui lui rappelaient ses plus heureuses années. Il se faisait illusion en les regardant, et il oubliait un moment son exil. Sa correspondance était pour lui une autre manière de se rattacher à ce monde dont on l'avait banni. Chaque ordinaire lui apportait des lettres des quelques amis qu'il avait conservés : c'étaient surtout des femmes, qui se montrèrent pour lui plus fidèles que les hommes, quoiqu'il ne les eût pas épargnées ; avec elles, des gens de cour, en petit nombre, ceux qui se souviennent de leurs amis malheureux, et quelques beaux esprits de collège et d'académie, fort honorés d'être en rapport avec un grand seigneur qui se piquait d'aimer la littérature. Ces lettres étaient attendues avec impatience. Elles faisaient arriver de loin jusqu'à lui quelque écho des bruits du monde vers lesquels il avait toujours l'oreille tendue. Mais, si sa curiosité prenait plaisir à les lire, que son orgueil devait y trouver de cruelles blessures ! Quelle amertume d'apprendre les succès de ses anciens rivaux, de gens qui avaient servi avec lui et sous lui, auxquels il se jugeait bien supérieur, et qui arrivaient l'un après l'autre aux premières dignités de l'État ! Quel dépit de parcourir ces listes de maréchaux de France, ces promotions de chevaliers de l'Ordre, où son nom ne se trouvait pas ! Et quand on lui faisait le récit de ces batailles gagnées, de ces provinces conquises, de ces coalitions vaincues, quelle rage pour

un vaniteux, qui se croyait appelé à commander des
armées et à remporter des victoires, de voir tous ces
grands événements s'accomplir sans lui! On comprend la douleur qui déchirait alors l'âme de Bussy,
et l'on se sent près de pardonner aux efforts désespérés qu'il a faits pour rentrer en grâce.

VI

Parmi ces correspondants fidèles qui se chargeaient
d'envoyer à Bussy les nouvelles de Paris et de la
cour, il faut mettre au premier rang Mme de Sévigné.
Elle aimait à lui écrire et à recevoir ses lettres; elle
trouvait que l'esprit de son cousin excitait et allu-
mait le sien; il la mettait en verve par sa malice, et
elle éprouvait, en lui répondant, un des plaisirs auxquels nous sommes le plus sensibles, celui d'être
contents de nous-mêmes.

Elle avait pourtant des amis qu'elle aimait mieux,
et avec lesquels elle s'abandonnait davantage. J'en
pourrais citer un grand nombre, dont elle nous
entretient sans cesse; mais, comme il faut se borner,
je me contenterai de parler des plus connus, de ceux
qui tinrent le plus de place dans sa vie, d'abord de
Mme de la Fayette et de la Rochefoucauld, puis de
M. et de Mme de Coulanges.

Quand Mme de la Fayette mourut, en 1693,
Mme de Sévigné disait que leur amitié avait duré
plus de quarante ans. Elle en plaçait donc le début

vers l'époque où Mme de la Vergne, mère de Mme de la Fayette, épousa en secondes noces le chevalier Renaud de Sévigné. C'est alors que la fille de Mme de la Vergne et la jeune femme de Henri de Sévigné, que rapprochaient leur âge et leurs goûts, se sentirent attirées l'une vers l'autre. De ces premières et lointaines années nous savons fort peu de chose, et je n'en veux pas parler. Au moment où la correspondance de Mme de Sévigné avec sa fille commence, Mme de la Fayette est veuve depuis longtemps, et elle vient de former avec le duc de la Rochefoucauld une liaison étroite, dont on s'occupe beaucoup dans le monde.

De quelle nature pouvait être cette intimité? La question est fort indiscrète, j'en conviens, mais il est difficile d'éviter d'y répondre. Les contemporains se le demandaient déjà avec une curiosité malicieuse. Mme de Scudéry écrivait à Bussy : « M. de la Rochefoucauld vit fort honnêtement avec Mme de la Fayette ; il n'y paraît que l'amitié. Enfin la crainte de Dieu de part et d'autre, et peut-être la politique ont coupé les ailes à l'amour. Elle est sa favorite et sa première amie. » Mais Bussy, qui était méfiant, soupçonnait autre chose : « Pour moi, répondait-il, je maintiens qu'il y a toujours de l'amour. » Peut-être ne serait-il pas sage de prétendre trop éclairer ce sujet délicat. Si leur liaison a commencé en 1665, comme le pense Sainte-Beuve, la Rochefoucauld avait alors cinquante-deux ans et Mme de la Fayette trente-deux. A la rigueur, cet âge permet toutes les suppositions ;

4

seulement il faut remarquer qu'une longue vie d'agitations stériles et d'ambitions déçues avait usé la Rochefoucauld ; quant à Mme de la Fayette, elle avait été, sans doute, vive et gaie dans sa première jeunesse, et il lui était arrivé, au milieu d'un cercle intime, avec des amis sûrs, de s'abandonner et de s'émanciper quelquefois; Mme de Sévigné le rappelait longtemps après à sa fille : « Nous avons bien ri et bien fait des folies, avec sa sagesse; vous en souvient-il? » Mais la sagesse avait bientôt pris le dessus, et c'était, malgré ses trente ans, une femme sérieuse et mûre, quand la Rochefoucauld la rencontra dans le salon de Mme de Sablé. J'imagine que la liaison dut se faire lentement. Aucun des deux n'était de tempérament ni d'âge à éprouver une de ces passions violentes et inévitables, qui naissent d'un coup. Il s'aperçut sans doute de la justesse des réflexions que faisait cette jeune femme; il fut frappé de sa connaissance parfaite du monde et de sa façon sûre et nette de juger les événements et les hommes; de son côté, on peut croire que lorsqu'elle vit l'impression qu'elle produisait sur un homme aussi distingué, qui avait joué un rôle important dans les affaires publiques, elle en fut très flattée. C'est donc l'esprit qui eut d'abord le plus de part à leur liaison; mais le cœur n'y fut pas non plus étranger. M. de la Rochefoucauld n'était pas fait pour ces grandes passions où le hasard de ses aventures romanesques l'avait un jour engagé. Mme de Sévigné avait raison de dire de lui : « Je ne crois pas que ce qui s'appelle

amoureux il l'ait jamais été ». C'est à cinquante-deux
ans seulement qu'il connut l'amour dans la mesure
où il était capable de le ressentir. Quoiqu'il eût beaucoup vécu jusque-là, Mme de la Fayette lui fit voir
des pays nouveaux. Elle lui inspira une affection
modérée et raisonnable, la seule qui fût tout à fait
dans leur nature à tous les deux, et cette affection
embellit leurs dernières années. Il y a bien du charme
encore dans ces amours tardifs, qui sont exempts de
tempêtes, et qui peuvent avoir l'éclat tempéré et la
chaleur attiédie d'un coucher de soleil d'automne.
« Je crois, disait Mme de Sévigné, que rien ne peut
surpasser la force d'une telle liaison. » Dès lors ils
ne se quittèrent plus. Gourville, qui déteste Mme de
la Fayette, laisse entendre qu'elle s'empara tout à
fait de la Rochefoucauld. Il est sûr qu'elle était, de
sa nature, impérieuse et dominante, et qu'elle mettait
un peu ses amis sous le joug; mais ici le joug fut
accepté sans résistance. Il y a des servitudes auxquelles on est heureux de se soumettre; et d'ailleurs
nous savons que Mme de la Fayette n'usa de son
pouvoir que pour adoucir et réconcilier avec le genre
humain le moraliste amer qui venait d'écrire les
Maximes. C'est au plus fort de cette liaison que parut
la Princesse de Clèves, sous le nom de Segrais. Tout
le monde savait que ce nom cachait celui de Mme de
la Fayette, et beaucoup soupçonnèrent que la Rochefoucauld devait y avoir quelque part. Voici ce que la
dévote Mme de Scudéry écrivait à Bussy : « M. de
la Rochefoucauld et Mme de la Fayette ont fait un

roman des galanteries de la cour de Henri second :
ils ne sont pas en âge de faire autre chose ensemble ».
Il est impossible aujourd'hui de savoir si, en effet,
la Rochefoucauld aida Mme de la Fayette et ce qui
lui appartient dans *la Princesse de Clèves*. Tout ce
qu'on peut dire, c'est que sa liaison avec l'auteur
semble avoir laissé quelque trace dans ce charmant
ouvrage, et qu'on soupçonne en le lisant en quelle
situation d'esprit se trouvait celle qui l'a écrit. Il me
semble qu'on y sent le calme d'une âme qui jouit d'une
affection partagée ; du repos où elle est parvenue,
elle regarde avec une sympathie aimable et compa-
tissante les passions malheureuses des autres, et ré-
pand sur les objets de ses rêves cette lumière égale et
douce, qui est l'atmosphère même où elle passe sa vie.

Les années qui suivirent furent moins heureuses.
Comme toujours, l'âge amena les maladies ; la goutte
cloua la Rochefoucauld sur son fauteuil. Mme de la
Fayette, toujours mourante, ne pouvait former aucun
projet pour le lendemain. Elle raconte qu'un jour,
étant partie pour Chantilly, où M. le Prince l'attendait, la fièvre la prit sur le Pont-Neuf, et qu'elle ne
put aller plus loin. Cet état les rendit plus nécessaires
l'un à l'autre. Comme leur mauvaise santé les forçait
de fuir le monde, ils s'arrangèrent plus que jamais
pour se suffire tous les deux. Mme de Sévigné, qui
les voyait plus régulièrement depuis qu'ils étaient
plus seuls et plus tristes, nous dit « que rien ne pouvait être comparé à la confiance et au charme de leur
amitié ».

Passer de Mme de la Fayette et de la Rochefoucauld à M. et Mme de Coulanges, c'est aller d'un
extrême à l'autre. Autant il y a, chez les premiers,
de sérieux et de gravité, autant les autres sont gais,
remuants, animés. C'est le mouvement même et la vie
que ce ménage charmant. Il est impossible d'avoir
plus d'esprit qu'eux, un esprit de saillies et de verve,
toujours armé et prêt à la riposte. Dans la conversation du mari et de la femme, les épigrammes jaillis-
sent en étincelles. L'ennui ne peut approcher d'eux ;
aussi tout le monde les aime, les recherche, les attire
et veut les garder. Cependant, lorsqu'on regarde de
près, on s'aperçoit qu'ils ne paraissent pas s'entendre
très bien ensemble. Quand ils sont seuls tous les
deux, ces rieurs deviennent sérieux, ces causeurs
intarissables ne trouvent rien à se dire. Aussi restent-
ils le moins qu'ils peuvent à la maison. Ils n'ont pas
d'enfant qui les y retienne ; ils sont à peu près inoc-
cupés : la femme ne s'intéresse guère à son ménage ;
le mari, qui a été successivement conseiller et maître
des requêtes au parlement de Paris, se dispense le
plus possible de siéger. Ils sont toujours par les rues
ou sur les chemins : elle fréquente les salons de
Paris et fait des visites à Versailles, où elle a de
grandes relations dont elle est un peu fière, les
Louvois, qui sont de sa famille, la duchesse de Richelieu, Mme de Maintenon surtout, qui goûte beaucoup
son esprit. Lui, se permet de plus longues escapades ;
il va passer des saisons entières dans les châteaux
des grands seigneurs qu'il amuse. Une fois il voyage

en Allemagne avec M. de Lyonne; plus tard, il
accompagne le duc de Chaulnes dans son ambassade
de Rome, assiste à deux conclaves et reste plus de
deux ans en Italie. Au moment où la correspondance
de Mme de Sévigné nous les fait connaître d'un peu
près, il y a sept ou huit ans qu'ils sont mariés, et le
ménage est déjà ce qu'il sera jusqu'à la fin. Chacun
va de son côté, et tous les deux ont pris tout à fait
leur parti de cette séparation sous le même toit. Cela
s'est-il accompli sans crise? nous l'ignorons. Mais je
ne puis me figurer qu'il se soit élevé jamais de scène
scandaleuse entre des gens si bien élevés, si ennemis
du bruit, si tolérants de nature. Il est probable qu'ils
se sont discrètement éloignés quand ils ont trouvé
moins de plaisir à vivre réunis, et, comme la séparation s'est faite peu à peu, il n'y a eu ni déchirement
ni violence : c'est ainsi que les liquides qui se refroi-
dissent lentement dans un vase ne le font pas éclater.
Mais comment donc est-il arrivé que ces deux aimables caractères, si semblables entre eux, ne se sont pas
mieux accordés ensemble? N'est-ce pas parce qu'ils
étaient trop semblables? Si les natures contraires
risquent de se heurter, peut-être est-il difficile à celles
qui se ressemblent trop de se convenir tout à fait.
Il vaut mieux qu'il y ait, entre les personnes destinées
à ne pas se quitter, assez de ressemblance pour pouvoir se comprendre l'une l'autre, et assez de différence pour avoir besoin de se compléter. Toujours
est-il que, dans ce ménage assez mal uni, l'estime
mutuelle avait survécu; il resta même, entre cette

femme et ce mari qui ne l'étaient guère, un fond d'amitié et de confiance : d'où l'on peut conclure peut-être qu'ils n'avaient jamais eu un amour bien vif l'un pour l'autre, car, selon la remarque très juste de Bussy, d'un amour violent on passe plutôt à la haine qu'à l'amitié. Dans une maladie très grave que fit Mme de Coulanges, on eut ce spectacle édifiant de voir le mari donner des marques de la plus profonde douleur, et la femme mourante ne s'occuper que de son mari. Il est vrai que, lorsqu'elle fut hors de danger, tout recommença comme à l'ordinaire. Ce mélange d'égards réciproques et de mutuelle indif-férence, de séparation complète à l'intérieur et de bonne apparence aux yeux du public forme un con-traste fort curieux ; ne semble-t-il pas qu'on entre-voit déjà un ménage du grand monde au XVIIIe siècle ?

Cependant, un point important y manque. Ce mari léger, qui fuit la maison, on ne lui connaît pas de maîtresse. Il ne paraît pas avoir formé hors de chez lui une de ces liaisons qui remplacent la vie de famille. Il aime avant tout la bonne chère, les propos salés, les joyeuses compagnies. Partout où on le reçoit, il se met à l'aise. Agréable d'abord, il devient bientôt nécessaire ; mais, en amusant les autres, il s'amuse lui-même, et cette existence, qui ne serait pas du goût de tout le monde, le contente pleinement. Il a eu quelques contrariétés, sans doute ; qui peut tout à fait les éviter ? Une fois on l'a poussé à deman-der une place importante de finance, et, quoiqu'il soit parent de Louvois, il ne l'a pas obtenue. C'est un mécompte qu'il a ressenti, malgré sa philosophie, mais son chagrin n'a guère duré, et, comme c'est son habitude, il s'en est consolé par des chansons :

> Fortune, tu m'as fait querelle,
> Mais tu ne m'as pas maltraité ;

puis il a recommencé de plus belle sa vie vagabonde et joyeuse. « La jolie vie ! lui écrit Mme de Sévigné, et que la fortune vous a traité doucement ! toujours aimé, toujours estimé, toujours portant la joie et le plaisir avec vous, toujours favori et entêté de quelque ami d'importance, un duc, un prince, un pape (car j'y veux ajouter le Saint-Père pour la rareté) ; toujours en santé, jamais à charge à personne, point d'affaires, point d'ambition ; mais surtout quel avantage de ne point vieillir ! Voilà le comble du bonheur. Vous vous doutez bien à peu près de certaines supputations de temps et d'années ; mais ce n'est que de loin, cela ne s'approche point de vous avec horreur, comme de quelques personnes que je connais ; c'est pour votre voisin que cela se fait, et vous n'avez pas même la frayeur qu'on a ordinairement quand on voit le feu dans son voisinage. Enfin, après y avoir bien pensé, je vois que vous êtes le plus heureux homme du monde. »

Et Mme de Coulanges ? s'est-elle contentée de ce qui suffisait à son mari ? comment a-t-elle accepté cet isolement où il la laissait ? ne s'est-il trouvé personne qui ait profité de l'occasion pour pénétrer dans la place vide? Saint-Simon, qui n'est pas suspect de complaisance, nous dit qu'elle a toujours été sage, et on peut l'en croire. Ce n'est pas qu'elle ait manqué d'adorateurs qui se proposaient pour la consoler des absences de son mari. Mme de Sévigné en nomme trois, qui lui faisaient une cour assidue. C'était d'abord l'abbé Têtu, un bel esprit de ruelle, le favori des dames, que les salons s'arrachaient. Il avait fait de son temps un partage régulier. Pendant la belle saison, on ne le voyait plus : il allait tenir compagnie à la charmante abbesse de Fontevrault. Il revenait, avec le mauvais temps, prendre ses quartiers d'hiver, comme il disait, chez Mme de Coulanges. L'abbé Têtu, quoique souvent impérieux et jaloux, avait cet avantage de ne pas compromettre les femmes auxquelles il s'attachait : on savait que toute son ardeur était aux conversations tendres, et qu'il n'allait pas plus loin que le madrigal. L'autre était moins dangereux encore : c'était le comte de Brancas, un original dont Mme de Sévigné s'est souvent égayée; il était amoureux et dévot à la fois, et ne prétendait plaire à Mme de Coulanges que pour l'aider à faire son salut. Elle aimait mieux se sauver toute seule et s'amusait volontiers de ce soupirant mystique qui, dans ses déclarations, mêlait, comme Tartuffe, la théologie aux propos galants. Il y avait plus à craindre du troisième, le marquis de la Trousse, cousin de Coulanges, et l'un des meilleurs officiers du roi. Celui-là était très épris de sa cousine, et il ne la quittait guère, quand il pouvait venir à

Paris. Mais elle ne le traitait pas mieux que les autres. « Il est toujours assidu, disait Mme de Sévigné, et elle toujours dure, méprisante et amère. » Le manège de ses trois amoureux ne déplaisait pas à Mme de Coulanges, et elle aimait assez à les mettre aux prises. Ce qui est plus singulier, c'est que le mari s'en amusait aussi, et qu'il prenait plaisir à noter les progrès et les chances de chacun d'eux, et à les célébrer dans ses chansons :

> Têtu est vainqueur de Brancas,
> La Trousse n'y résiste pas,
> De lui seul Coulanges est contente.
> Son mari chante :
> Têtu est vainqueur de Brancas,
> La Trousse n'y résiste pas.

Voilà un mari d'un désintéressement et d'une tolérance rares. Mme de Sévigné n'avait pas tort de dire, au moment où il partait pour Rome : « Sa femme n'avait point de raison particulière pour souhaiter qu'il fît ce voyage, car il ne l'incommode point du tout ».

Du reste, il est probable que la confiance du mari ne fut pas trompée. Mme de Coulanges se plaisait aux badinages d'une galanterie légère, mais on a vu que Saint-Simon affirme qu'elle n'alla pas plus loin. Peut-être l'a-t-elle par moments regretté ; il est possible qu'elle ait entrevu, au delà de ces liaisons futiles, quelque affection plus profonde qui lui aurait fait éprouver des sentiments qu'elle n'a pas connus. Je lis, dans une de ses lettres, une phrase qui donne à réfléchir. Il s'agit du marquis de Villeroy, le *char-mant*, comme on l'appelait, qui était éperdument amoureux d'une femme qui le trompait. « Tout le monde, dit-elle, le trouve digne de pitié, et il me paraît digne d'envie. » Il me semble que, si on lit entre les lignes, ces mots laissent deviner quelques regrets. Mais décidément sa nature ne la portait pas du côté des grandes passions ; la légèreté de son caractère la protégea pendant les années périlleuses. Sur la fin, elle devint grave et dévote. Nous avons une lettre où elle reproche à son mari son humeur vagabonde et son incorrigible jeunesse. « Pour moi, lui dit-elle, j'avoue que je crois me peu soucier du monde. Je ne m'y trouve plus propre par mon âge ; je n'y ai, Dieu merci, point de ces engagements qui y retiennent, malgré qu'on en ait ; j'ai vu tout ce qu'il y a à voir, je n'ai plus qu'une vieille figure à lui pré-senter, plus rien de nouveau à lui montrer ni à dé-couvrir. Et que veut-on faire de recommencer tou-jours des visites, se troubler des événements qui ne nous regardent point? Mon cher monsieur, il faudrait songer à quelque chose de plus solide. »

Mme de la Fayette et Mme de Coulanges ont été les meilleures amies de Mme de Sévigné. Sans doute, elle a pu quelquefois souffrir de l'esprit impé-rieux de l'une, la légèreté de l'autre l'a souvent im-patientée ; mais, malgré leurs travers, elle les a tendrement aimées toutes les deux. Elle disait, à propos de Mme de la Fayette : « Jamais nous n'avons eu le moindre nuage dans notre amitié » ; elle aurait pu le dire aussi de Mme de Coulanges. De leur côté, ses deux amies ont senti tout le charme et toute la solidité de son affection. Mme de la Fayette, près de mourir, lui écrivait : « Il faut finir quand il plaît à Dieu, et j'y suis soumise. Croyez, ma très chère, que vous êtes la personne du monde que j'ai le plus véritablement aimée. » Mme de Coulanges eut la douleur de lui survivre, et elle ressentit très vivement cette perte. « Il ne me reste plus d'amies », disait-elle, quand elle apprit sa mort ; et elle écrivait un an après : « Le malheur de ne la plus voir m'est toujours nouveau ; il manque trop de choses à l'hôtel de Carnavalet ! » Quel éloge pour Mme de Sévigné que de s'être fait également aimer de deux personnes dont l'humeur était si opposée ! C'est assurément ce qui nous donne d'elle la meilleure opinion.

CHAPITRE II

L'ÉCRIVAIN

I

Cousin fait remarquer que, dans la première moitié du XVIIe siècle, le genre épistolaire devint fort à la mode, que les lettres, comme les portraits et les conversations, occupent une grande partie des romans de cette époque, et que, dans ceux de Mlle de Scudéry, elles sont imprimées en caractères particuliers pour attirer l'œil du lecteur. Cette vogue se comprend sans peine. C'est une maladie fort commune que d'aimer à parler de soi et à se mettre en scène; or, dans une correspondance, on n'a pas autre chose à faire. Le moi y domine, et il y est parfaitement à sa place; ce qui ailleurs peut être un défaut devient ici une nécessité et la règle même du genre. On aime donc à écrire des lettres, parce qu'on y peut parler de soi autant qu'on veut, et l'on aime à en lire parce qu'on est bien aise de pénétrer dans l'âme des autres, et que c'est un grand plaisir de connaître leurs sentiments les plus secrets, surtout quand ils ne voulaient pas les faire savoir. De cette façon, le genre épistolaire est sûr d'être agréable aux vaniteux et aux indiscrets, c'est presque dire à tout le monde.

Voilà sans doute pourquoi Balzac et Voiture donnèrent à leurs principaux ouvrages la forme de lettres ; malheureusement, ils n'en avaient que la forme. Lisez toute la correspondance de Voiture, où il parle de lui tout le temps ; quand vous l'aurez finie, vous ne saurez pas d'où il venait, ce qu'il faisait, à quel titre il était reçu dans cette société où nous le voyons tenir une place si importante, pourquoi il reste à Paris et pourquoi il en sort, ce qu'il va faire dans ces pays lointains d'où il a écrit tant de lettres à ses amis. Jamais il ne nous fait connaître ses sentiments véritables. Il est d'une société où tout le monde a pris un rôle et le joue en conscience : voici l'amoureux, l'enjoué, le mélancolique, la coquette, l'indifférente, la superbe. Ce qu'on est une fois, on ne peut plus cesser de l'être, ou, du moins, de le paraître ; qu'on parle ou qu'on écrive, on fait toujours son personnage. Il était entendu que Voiture devait être l'amant malheureux de la sévère Mlle Paulet, la belle lionne, comme on l'appelle, et il s'acquittait régulièrement de ce devoir tant qu'il séjournait à l'hôtel de Rambouillet. Ses voyages même ne l'en dégageaient pas. De Bruxelles, de Rome, de Madrid, il lui envoyait, sans jamais se lasser, des

fadeurs élégantes. Il lui écrivit un jour de Ceuta :
« Je suis sorti de l'Europe et j'ai passé le détroit
qui lui sert de borne; mais la mer, qui est entre
vous et moi, ne peut rien éteindre de la passion que
j'ai pour vous, et quoique tous les esclaves de la
chrétienté se trouvent libres en abordant cette côte,
je ne suis pas moins à vous pour cela. » Je n'ai pas
besoin de dire que de ces belles choses qu'il débite
d'un ton si convaincu il ne pense pas un mot; c'est
un jeu de société qui ne trompe personne, une sorte
d'exercice littéraire qui peut sembler piquant, mais
où il n'entre rien de sincère et de sérieux.

Aussi, quel qu'ait été le succès des lettres de Voiture, il me semble qu'on devait sentir en les lisant
qu'il y manquait quelque chose. Ceux même qui en
étaient le plus charmés se disaient sans doute tout
bas qu'elles seraient bien plus agréables encore
si c'étaient de véritables lettres, où la personne qui
écrit, se croyant sûre de n'être pas trahie, nous parlerait d'elle avec confiance, nous dirait ce qu'elle
sent et ce qu'elle pense, au lieu d'exprimer des sentiments de convention, se montrerait enfin telle
qu'elle est. Si, de plus, cette personne se trouvait
écrire avec talent, si, dans un commerce intime, au
courant de la plume, elle rencontrait, par un don
de nature, des qualités que d'ordinaire on ne doit
qu'au travail, il ne resterait plus rien à souhaiter.
Ce qui prouve que les bons esprits se faisaient, à ce
moment, cette idée d'une correspondance parfaite, et
qu'au delà des lettres de Voiture, si lues, si admi-

rées, ils en apercevaient d'autres encore plus admirables, qui joindraient au mérite du style celui de la sincérité, c'est qu'aussitôt qu'il leur fut donné de lire celles de Mme de Sévigné ils n'hésitèrent pas; ils reconnurent du premier coup qu'elles étaient la perfection. Jamais peut-être l'opinion publique n'a été si prompte et si unanime à saluer un bel ouvrage. Lorsqu'après la mort de Bussy-Rabutin, sa fille fit paraître sa correspondance avec les lettres qu'il avait reçues de sa cousine, ces dernières ravirent tout le monde. Bayle en fut si charmé qu'il déclarait que « cette femme méritait une place parmi les femmes illustres de son temps ». Vers la même époque, un jésuite publiait un poème latin intitulé *Ratio conscribendæ epistolæ*, où il proclamait que Mme de Sévigné était le modèle du genre, et qu'elle écrivait avec tant de facilité « qu'une de ses lettres nous demande plus de temps pour la lire qu'elle n'en mettait pour la composer ».

On voit que ce jésuite se figurait Mme de Sévigné comme une personne qui écrit ses lettres d'un jet, sans se donner la peine de les polir et de les limer. C'est bien ce qu'elle fait entendre elle-même quand elle nous dit « qu'elle laisse courir sa plume et qu'elle lui met la bride sur le cou »; et généralement on l'a crue sur parole. Il y a eu pourtant des incrédules à qui cette façon de composer des chefs-d'œuvre a paru suspecte. Le mérite même de ses lettres leur fait soupçonner qu'elles lui ont coûté plus de peine qu'elle ne le prétend. Cette grâce piquante des détails, ce tour ingénieux des réflexions, cette variété charmante dans la répétition des mêmes pensées, cet esprit dans l'expression des choses du cœur, ont semblé trahir l'art et le travail. « Tant de finesse, s'est-on dit, tant de soins, n'étaient pas apparemment dépensés pour une seule personne; on ne fait pas tant de façons pour écrire à sa fille; d'ordinaire on garde à sa famille son esprit de tous les jours, et l'on ne se met guère en coquetterie que pour les étrangers et le public. C'est donc pour eux que Mme de Sévigné écrivait sous le couvert de sa fille, et ses lettres, en arrivant jusqu'à nous, ne se sont pas trompées d'adresse. » Cherchons ce qu'a de vrai cette opinion : il nous importe de le savoir, quand ce ne serait que pour n'être pas dupes.

Dans la correspondance de Mme de Sévigné il y a des distinctions à faire : elle n'écrit pas à tous ses amis de la même façon, parce qu'elle n'est pas également sûre d'eux. Elle sait bien qu'il y en a qui ne gardent pas pour eux seuls les lettres qu'ils reçoivent. Avec Bussy, par exemple, on peut s'attendre à tout : n'eut-il pas un jour l'indiscrétion de mettre le roi dans le secret de son intimité, et de lui communiquer les lettres de sa cousine en même temps que les siennes? Il est donc naturel qu'en écrivant à Bussy elle soit par moments gênée : sait-elle ce que deviendront les confidences qu'elle lui envoie? Ce que Bussy faisait souvent dans son intérêt propre, Coulanges l'a fait quelquefois dans celui de Mme de Sévigné; l'admiration qu'il éprouvait pour son esprit

était si vive qu'il ne pouvait pas la garder pour lui.
Elle s'en doute bien; aussi est-elle tentée, en lui
écrivant, de faire un peu de toilette pour n'être pas
surprise en négligé par les indiscrets. Qu'il y ait
donc ici quelque contrainte, là peut-être un peu
d'apprêt, nous ne devons pas en être surpris; mais
tout cela ne dure guère; il n'est pas dans son tempérament d'être longtemps maîtresse d'elle-même.
Bientôt sa verve la reprend et l'entraîne; elle oublie
les précautions qu'elle voulait prendre, elle se livre
tout entière, et elle fait bien, car elle n'est jamais
plus charmante.

Dans tous les cas, si la préoccupation de ce public
incertain et inconnu a pu exercer quelque influence
sur elle quand elle écrit à Coulanges et à Bussy,
avec sa fille, elle n'a plus rien à craindre. Nous
sommes là dans l'intimité la plus étroite : on se dit
tout ce qu'on a sur le cœur; on se raconte, avec une
pleine confiance, ce qui ne pourrait être redit sans
péril; les affaires privées et celles de l'État, les
caquets du voisinage, les histoires les plus scandaleuses, les confidences les plus compromettantes,
tout y passe. Aussi Mme de Grignan ne laissait-elle
pas courir les lettres de sa mère, et quand par hasard
elle en lisait quelque passage pour faire savoir
une nouvelle importante, elle nous dit qu'elle avait
grand soin qu'on ne pût pas lire par-dessus son
épaule et voir ce qui ne devait pas être vu. Mme de
Sévigné se croyait donc sûre que le public ne les
connaîtrait jamais. Aussi se mettait-elle à l'aise en les

écrivant. Elle ne se donnait pas la peine de réfléchir, de se surveiller, de prendre un style, « ce qui est un cothurne pour elle »; elle s'abandonnait au flot de ses sentiments et de ses pensées : « Savez-vous ce que je vais faire? ce que j'ai fait jusqu'à présent. Je commence toujours sans savoir jusqu'où cela ira; j'ignore si ma lettre sera grande ou si elle sera petite; j'écris tant qu'il plaît à ma plume : c'est elle qui gouverne tout. » Et ailleurs : « J'embrasse premièrement M. de Grignan; je l'admire bien, et vous aussi, ma fille, d'aimer tant mes lettres; je suis toujours tout étonnée du bien que vous m'en dites; elles passent si vite chez moi, que je ne sens jamais ce qu'elles valent, ni aussi ce qu'elles ne valent pas. » Il faut bien qu'elle ait écrit très vite pour avoir tant écrit. Avec tous les devoirs de société auxquels elle était obligée, si elle avait prétendu composer des pièces d'éloquence, elle n'aurait jamais trouvé le temps d'écrire un si grand nombre de lettres; surtout, elle les aurait faites plus courtes. Rien ne sent plus l'improvisation chez elle que cette richesse de détails, cette ampleur et cette abondance des récits : ce sont des qualités qui nous charment; elle se les reprochait quelquefois comme des crimes. Quand elle songeait à la fatigue qu'elle imposait à sa fille pour lire « tout ce bavardage », elle s'en voulait, elle lui demandait pardon, et se promettait bien d'être désormais plus sobre; mais, une fois qu'elle se mettait à causer avec elle, toutes ses bonnes résolutions étaient oubliées, et elle ne savait plus s'arrêter. « Je fais de la prose, lui disait-elle, avec une facilité qui vous tue. »

II

Voilà donc une femme jeune, vive, légère, fort répandue dans le monde et y passant ses journées, très occupée du plaisir, qui n'a jamais eu la moindre idée de composer des ouvrages, et la première fois qu'elle prend la plume, dans des lettres adressées à une seule personne, sans songer au public, sans poser devant lui, elle écrit avec la sûreté et l'exactitude d'un auteur de profession ; elle sait dire ce qu'elle sent et ce qu'elle pense, elle trouve le mot propre, elle évite les tâtonnements, les répétitions, les obscurités auxquels échappent si difficilement ceux même qui font métier d'écrire ; enfin, sans le chercher, presque sans le savoir, du premier coup, elle est parfaite. Comment cela s'est-il fait, et par quel miracle a-t-elle acquis si vite ce qui demande à d'autres tant d'étude et tant d'efforts ?

La réponse qui vient la première à l'esprit, c'est qu'elle avait reçu du ciel des dons particuliers et que c'était sa nature de bien écrire ; mais la nature a besoin d'être aidée par le travail. Nous ne voyons pas que ceux qui sont nés artistes sachent la musique avant de l'avoir apprise, et qu'ils jouent bien d'un instrument la première fois qu'ils y touchent. Il y a dans tout art une partie de métier qu'il faut d'abord connaître, et l'art d'écrire ne fait pas exception; au contraire, il n'en est guère de plus difficile. « Ce n'est pas une petite affaire, dit Cousin précisément à propos de Mme de Sévigné, que d'exprimer ses sentiments et ses idées dans un ordre naturel, avec leurs nuances vraies, en des termes ni trop recherchés ni trop vulgaires, qui ne les exagèrent ni ne les affaiblissent. » Ces qualités délicates supposent quelque étude et quelque exercice. Je ne crois pas qu'il y ait jamais eu un écrivain qui le soit devenu sans un certain apprentissage, et s'il nous semble que des hommes de génie n'ont eu besoin d'aucune préparation, c'est que nous n'apercevons pas de quelle manière ils se sont préparés. Nous sommes trop tentés de croire que la seule éducation où puisse se former l'esprit est celle qui se donne dans les écoles, d'après les méthodes ordinaires; en réalité, il y en a mille, et fort différentes les unes des autres. Ceux-ci ont besoin d'un maître, ceux-là s'élèvent tout seuls. Il en est à qui la solitude est nécessaire, qui s'enferment dans leur cabinet pour étudier, qui vivent avec leurs réflexions et leurs livres; d'autres au contraire ne se recueillent jamais, et semblent s'abandonner entièrement au tourbillon du monde; mais, sans avoir l'air de réfléchir, ils ne laissent rien perdre de ce qu'ils voient et de ce qu'ils entendent. Tout sert de leçon à qui sait en profiter. On peut s'instruire avec les habiles et les maladroits, avec les lettrés et les ignorants, en travaillant et sans rien faire; et, comme il y a mille moyens d'apprendre qui nous échappent, il me semble toujours téméraire d'affirmer que quelqu'un sait quelque chose sans l'avoir appris.

Dans tous les cas, nous pouvons être sûrs que Mme de Sévigné avait appris à écrire; et c'est une étude intéressante que de chercher comment elle s'était formée.

D'abord elle avait eu pour maîtres dans sa jeunesse deux des plus savants hommes de cette époque, Chapelain et Ménage. Chapelain dut être le premier qui lui donna quelques leçons. Nous savons qu'il était attaché à la famille de Coulanges, et il est naturel qu'on lui ait demandé de compléter l'éducation de Mlle de Chantal pendant qu'il était chargé de celle de son cousin, M. de la Trousse. La réputation de Chapelain est mauvaise, et il ne s'est pas relevé des attaques de Boileau. Lui-même, du reste, se jugeait avec beaucoup de sévérité. Pendant qu'on s'accordait à célébrer d'avance la gloire de son épopée qui devait illustrer la France, il en parlait fort humblement à ses amis. « Pour ma *Pucelle,* écrivait-il au président Maynard, elle est encore si grossière et si païsanne qu'elle ne se hasarde pas de sortir de mon cabinet qu'avec moi, et vers la brune, afin que ses défauts paraissent moins. J'attends avec impatience grande que notre bonne fortune vous amène en cette cour, afin de vous supplier qu'elle reçoive deux coups de peigne de votre part. » Ailleurs, il dit à Balzac : « Croyez-moi, monsieur, je suis peu de chose, et ce que je fais est encore moindre que moi. Le monde, par force et contre mon intention, me veut regarder comme un grand poète; et, quand je ne serais pas tout le contraire, je ne voudrais pas encore que ce fût par là qu'on me regardât. J'ai, ce me semble, de quoi payer en chose meilleure et que je possède plus justement. » C'est tout à fait le mot de Boileau : « Que n'écrit-il en prose? » Hélas! ce mot est encore trop favorable : Chapelain est un mauvais poète, mais on ne peut pas dire qu'il soit un bon prosateur. Les deux volumes de ses lettres qu'on vient de nous donner sont d'une lourdeur effroyable. Sa plaisanterie surtout a des allures d'hippopotame. Un jour qu'il voulait écrire une lettre galante à Mme de Grignan, à propos d'une visite qu'elle allait faire à la fontaine de Vaucluse, il lui disait : « Bien que je ne sois pas un aussi tendre rimeur que Pétrarque, je rime pourtant, comme lui, et notre vocation commune pourrait me donner accès auprès de lui pour faire qu'il rendît une partie de ce qu'il doit à une personne de votre rang. Pour sa maîtresse, je ne désespérerais pas de lui faire comprendre qu'elle ne courrait aucune fortune en vous faisant bon accueil, et que l'attache que vous avez à M. le comte de Grignan ne vous permettrait pas de déployer tous vos charmes à Vaucluse pour lui débaucher son galant. » Ce n'est pas là le style de Mme de Sévigné : évidemment Chapelain ne lui a pas enseigné l'art d'écrire; mais il savait bien le latin, l'italien et l'espagnol, il lui a rendu un grand service en lui apprenant à lire Virgile « dans la majesté du texte », à comprendre la *Jérusalem* et le *Roland furieux*. Un jour qu'elle l'avait consulté sur des vers

un peu maniérés du Tasse, il lui répond que « l'amour
de la tricoterie et de la pointe lui a fait prendre des
façons de s'exprimer louches et obscures, mais que
pour un bronchage on ne coupe pas les jarrets à un
coursier ». La remarque est juste, mais quel affreux
style ! Chapelain était très fier de son élève, et l'élève,
en somme, fort reconnaissante pour son maître ; mais
la reconnaissance ne pouvait pas empêcher qu'une
jeune fille si malicieuse aperçût les ridicules du professeur. Je suppose qu'en le voyant venir chez elle
avec sa mine basse et sa tenue négligée, le souvenir
du *Chapelain décoiffé* lui traversait quelquefois l'esprit et qu'elle ne pouvait pas retenir un sourire. Elle
l'appelle alors, sans trop de respect, le bonhomme
ou le vieux Chapelain. Ses airs de pédant majestueux
ne lui avaient pas échappé. En annonçant à sa fille
qu'il a été frappé d'une apoplexie qui l'empêche de
parler, elle lui disait : « Il se confesse en serrant la
main ; il est dans sa chaise comme une statue : ainsi
Dieu confond l'orgueil des philosophes ! » Il faut
avouer que c'est une maigre oraison funèbre.

Je suppose que Mme de Sévigné doit plus à
Ménage, et qu'elle lui a été plus attachée. Il était
beaucoup plus jeune que Chapelain, et surtout plus
homme du monde. Nous avons vu qu'il a fait la cour
à son élève, ce qui ne la fâchait guère. Comme
aucune des pièces de vers qu'il lui a dédiées ne porte
son nom de jeune fille, on peut croire qu'il ne l'a
intimement connue qu'après son mariage. Son éducation alors était finie, elle ne fit que la perfectionner

avec Ménage. Il est vraisemblable qu'elle se félicita beaucoup de connaître un homme qui jouissait d'une grande renommée, et dont Balzac et Saumaise ne prononçaient le nom qu'avec respect. Ménage n'est assurément ni un Scaliger, ni même un Casaubon ; sa science est moins profonde et moins sûre que celle des grands érudits de l'époque précédente. Il avoue lui-même (c'est du moins le *Menagiana* qui le lui fait dire) qu'il n'entend pas assez Pindare pour y trouver du plaisir, et qu'il n'a jamais lu aucun auteur grec sans la traduction. Son latin si clair, si élégant, n'est pas toujours correct, et ses adversaires y ont relevé des fautes assez grossières. Ce n'en était pas moins un savant homme dont les connaissances avaient beaucoup d'étendue ; il a publié des poésies françaises, latines, grecques, italiennes. A la vérité, elles sont souvent mauvaises, et lui-même l'avoue assez naïvement, quoiqu'il n'aime pas qu'on le lui dise. Il s'en trouve pourtant dans le nombre quelques-unes d'un tour assez facile, surtout en latin, et c'est d'ailleurs un mérite rare que de faire des vers en quatre langues. Malheureusement, Ménage avait encore plus de prétentions que de mérite. Il fréquentait deux sociétés différentes, les personnes du grand monde et les érudits, et voulait leur plaire également. Ce sont deux ambitions qui se contrarient entre elles. Quand on veut être trop agréable aux uns et aux autres, on risque de déplaire à tous : les savants vous trouvent trop léger, et les mondains trop lourd. Aussi arriva-t-il que, vers la fin, la réputation de Ménage

baissa. Il eut la douleur de s'en apercevoir, car sa
vanité ne l'aveuglait pas tout à fait, et il disait tristement à ses amis : « Je ne suis plus à la mode ».
Quelques fâcheuses affaires qu'il eut l'imprudence de
s'attirer mirent les rieurs contre lui. Malgré tous ses
efforts pour paraître de son temps, il était resté par
bien des côtés un savant du XVIᵉ siècle; comme les
Scaliger et les Juste-Lipse, il avait l'humeur bataill-
leuse, et il accablait d'injures ceux qui se permet-
taient de n'être pas de son opinion. Il souleva des
querelles bruyantes pour des motifs qui semblaient
futiles aux gens qui n'étaient pas du métier; il lança
de gros volumes contre Baillet, contre d'Aubignac,
contre Bouhours; il maltraita Cotin, qui lui répondit
par un lourd pamphlet intitulé *la Ménagerie*. Cette
querelle eut, pour tous les deux, des suites désas-
treuses : Molière, la trouvant plaisante, s'en empara
et la rendit immortelle; qui ne connaît la fameuse
scène de Trissotin et de Vadius, dans *les Femmes
savantes*? Trissotin, c'est Cotin, on ne peut pas s'y
méprendre. Vadius n'est pas aussi clairement désigné;
Ménage eut le bon sens de ne pas vouloir s'y reconnaître, ce qui prouve qu'il ne manquait pas tout à fait
d'esprit, mais le public ne s'y trompait pas. Du reste,
Mme de Sévigné n'avait pas besoin que Molière lui
fît apercevoir les ridicules de son maître; elle les
voyait toute seule. Ces querelles de pédant dans lesquelles il se complaisait lui paraissaient très sottes.
A propos de la lutte ridicule du P. Bouhours et de
lui, il lui échappe cette saillie cruelle : « Ils se disent

leurs vérités, et souvent ce sont des injures ». Voilà, dit très justement M. Mesnard, ce que Ménage gagnait à lui avoir appris à lire Tacite : *Flagitia invicem objectavere, neuter falso.*

Quoiqu'elle ne pût s'empêcher, à l'occasion, de se moquer un peu de Chapelain et de Ménage, elle n'ignorait pas pourtant les obligations qu'elle leur avait. Il lui est arrivé plus d'une fois de parler avec reconnaissance « des bons maîtres qu'elle a eus dans sa jeunesse ». Ces bons maîtres lui avaient enseigné le français de deux façons ; d'abord en lui faisant connaître le latin, l'italien, l'espagnol : il n'y a rien de meilleur que ces comparaisons qu'on fait avec des langues étrangères pour nous rendre maîtres de la nôtre ; ils la lui apprirent ensuite directement, par la façon dont ils l'étudiaient et la pratiquaient l'un et l'autre. Tous deux étaient des grammairiens de mérite ; ils prenaient une part importante au travail qui se faisait alors pour nettoyer la langue française, pour la rendre plus pure, plus précise, plus régulière, pour la préparer enfin à la grande époque littéraire qui commençait. Ce travail s'est fait, on peut le dire, autour de Mme de Sévigné ; elle connaissait familièrement presque tous ceux qui s'en étaient chargés : c'étaient ses amis et ses maîtres. Comme le grand monde lui-même avait pris goût à ces recherches, elle pouvait entendre, dans les salons qu'elle fréquentait, les élèves de Vaugelas discuter sur le sens et la valeur des termes, condamner ceux qu'ils jugeaient mal faits, donner aux autres leur forme définitive :

fallait-il dire *arondelle* ou *hirondelle, je m'en vais* ou *je m'en vas*, les *vacances* ou les *vacations, ployer* ou *plier, segret* ou *secret?* devait-on accepter le mot d'*urbanité*, que Balzac voulait mettre en crédit, et celui de *prosateur*, inventé par Ménage? Non seulement les femmes étaient témoins de ces débats, mais souvent on les prenait pour juges. Le galant P. Bouhours tenait beaucoup à leur suffrage, et, pour les mettre de son côté, il les comble d'éloges. « Il n'y a rien de plus juste, dit-il, de plus propre, de plus naturel que le langage de la plupart des femmes françaises. Les mots dont elles se servent semblent tout neufs et faits exprès pour ce qu'elles disent, quoiqu'ils soient communs; et si la nature elle-même voulait parler, je crois qu'elle emprunterait leur langue. » Peut-être, en songeant que les femmes assistaient à ces discussions savantes et qu'elles y prenaient part, sera-t-on tenté d'éprouver d'abord quelque inquiétude pour elles, surtout si l'on se souvient de Philaminte, d'Armande, de Bélise, si ennuyeuses, si pédantes, si entichées de grammaire,

> La grammaire, qui sait régenter jusqu'aux rois,
> Et les fait, la main haute, obéir à ses lois!

Mais Philaminte et Bélise sont des sottes qui auraient abusé de tout, comme elles abusaient de la science et de la grammaire. Leur exemple ne prouve pas qu'une femme d'esprit et de sens n'en puisse pas tirer un bon profit. Lorsqu'on s'occupe autour d'elles de l'origine des mots, qu'on suit les changements par lesquels ils ont passé, qu'on essaye d'établir leur acception véritable, il leur en reste toujours quelque chose ; sans étude particulière, rien qu'en entendant ce qu'on dit, elles prennent l'habitude de se servir du terme propre et de le placer à propos. Il ne faut pas croire surtout que cette influence de la grammaire environnante puisse gêner, comme on l'a prétendu, ceux qui la subissent et, par le souci d'un purisme exagéré, nuire à la liberté de leur plume. Je trouve au contraire que, loin de les asservir, elle les délivre de la plus désagréable des servitudes, celle des mots. Ce qui manque le plus aux femmes, même quand elles écrivent bien, c'est l'originalité de l'expression. Comme en général elles n'ont pas reçu l'éducation plus approfondie qu'on donne aux hommes, elles ne connaissent les mots que par l'usage journalier ; elles n'osent donc les employer que de la façon dont tout le monde s'en sert. Au contraire, celui qui en sait l'origine et qui, par suite, en connaît la valeur propre, n'est pas enchaîné à leur emploi usuel ; il se trouve plus libre avec eux, il voit jusqu'où il peut les détourner de leur sens ordinaire et les placer d'une manière nouvelle. On peut donc dire qu'il en est le maître et qu'ils lui obéissent ; ou plutôt il n'a plus à s'occuper d'eux, ils se présentent d'eux-mêmes à son esprit sans qu'il les cherche, ils viennent exprimer sa pensée dans toute la variété de ses nuances et dans la plénitude de sa signification. Si la fréquentation de Ménage et de Chapelain a pu rendre à Mme de Sévigné ce genre de service, elle avait bien raison de leur en savoir gré.

A cette éducation que lui donnèrent ses maîtres, il faut joindre celle qui lui vint de ses lectures. De tout temps elle a été « grande dévoreuse de livres ». Tout l'intéressait. Elle aimait beaucoup les romans, nous l'avons vu, mais les livres les plus sérieux ne l'effrayaient pas. L'histoire surtout la ravissait, même celle des Turcs, où elle trouvait des Bassas qui avaient beaucoup de vertus chrétiennes. Sa curiosité s'accommodait de tout, de Virgile et du P. Maimbourg, malgré son chien de style, de Nicole qui l'effraye, et de Rabelais qui la fait mourir de rire. C'est surtout pendant les loisirs des Rochers qu'elle a recours à toutes sortes de lectures pour occuper les journées : « Nous avons toujours un temps parfait; nous lisons beaucoup et je sens le plaisir de n'avoir point de mémoire, car les comédies de Corneille, les œuvres de Despréaux, celles de Sarazin, celles de Voiture, tout cela repasse devant moi sans m'ennuyer; au contraire. Nous donnons quelquefois dans les *Morales* de Plutarque, qui sont admirables, les *Préjugés* (d'Arnauld), les réponses des ministres, un peu d'Alcoran, si on voulait; enfin je ne sais quel pays nous ne battons pas. » Quand on bat tant de pays à la fois, on n'en connaît aucun à fond. Mme de Sévigné ne l'ignorait pas; elle ne s'est jamais fait passer pour une savante. Elle disait, en parlant de sa voisine de Bretagne, Mme de Kerman, qui, comme elle, lisait beaucoup : « Elle sait un peu de tout, j'ai aussi une petite teinture, de sorte que nos superficies s'accommodent fort bien ensemble ». Peut-être, après tout, vaut-il mieux qu'une femme coure ainsi à travers tous les auteurs, depuis la *Cléopâtre* jusqu'à l'Alcoran, que d'en trop approfondir un seul : elle pourra être superficielle, mais au moins elle ne sera pas pédante.

Mme de Sévigné s'est toujours félicitée de l'éducation qu'elle avait reçue ou qu'elle s'était donnée ; aussi souhaitait-elle avec passion que ses petits-enfants fussent élevés comme elle. Elle voulait qu'on s'y prît de bonne heure et qu'on ne négligeât rien pour leur former l'esprit. « C'est trop présumer, disait-elle, que d'espérer tout d'une heureuse nature. » Quand le jeune marquis de Grignan revint de Philipsbourg avec cette égratignure qui la rendait si fière de lui, elle voulait lui persuader de profiter de ses loisirs pour lire quelques bons ouvrages, mais il était trop occupé de courir le monde et de danser avec Mlles de Castelnau pour écouter les avis de sa grand'mère. « Sa jeunesse lui fait du bruit, disait-elle, il n'entend pas. » Elle fut plus heureuse avec sa petite-fille, Pauline. Rien n'est plus touchant que la peine qu'elle se donne pour qu'elle soit bien élevée. De loin, elle veille sur elle ; dès qu'il s'élève quelque petit différend entre la mère et la fille, elle s'empresse d'intervenir. « Pauline n'est donc pas parfaite ; tant mieux. Vous vous divertirez à la repétrir. » Surtout elle veut empêcher que, dans un moment de colère, Mme de Grignan ne renvoie sa fille chez ces religieuses d'Aubenas où elle l'a tenue pendant plusieurs années. « Ne croyez pas, lui dit-elle, qu'un couvent puisse redresser une éducation, ni sur le sujet de la religion, que nos bonnes sœurs ne savent guère, ni sur les autres choses. » La mère s'entendra bien mieux à corriger les petites violences de ce caractère ombrageux, mais il faut qu'elle s'y prenne avec douceur. « Menez-la doucement; l'envie de vous plaire fera plus que les gronderies; entreprenez de lui parler raison, sans la gronder, sans l'humilier, car cela révolte, et je vous réponds que vous en ferez une petite merveille. » Sa joie est vive quand elle apprend que Pauline adore la lecture : « La jolie, l'heureuse disposition! Elle est au-dessus de l'ennui et de l'oisiveté, deux vilaines bêtes. » Aussi veut-elle que, pour ne pas la dégoûter, on lui laisse un peu la bride sur le cou; elle a peur qu'on ne la gêne dans le choix de ses livres. « J'aime mieux qu'elle en avale de mauvais que de ne pas aimer à lire. » Elle s'irrite contre les scrupules d'un sot confesseur qui ne veut pas autoriser la lecture des pièces de théâtre. « Je ne pense pas, dit-elle, que vous ayez le courage d'obéir à votre père *Lanterne*; voudriez-vous ne pas donner le plaisir à Pauline, qui a bien de l'esprit, d'en faire quelque usage, en lisant les belles comédies de Corneille, et *Polyeucte*, et *Cinna*, et les autres? N'avoir de la dévotion que ce retranchement, sans y être portée par la grâce de Dieu, me paraît être bottée à cru. » Pour les romans, les avis sont partagés. « Il y a des exemples, dit-elle à sa fille, des bons et des mauvais effets de ces sortes de lectures : vous ne les aimez pas, vous avez fort bien réussi ; je les aimais, je n'ai pas trop mal couru ma carrière : *tout est sain aux sains,* comme vous dites. Pour moi, qui voulais m'appuyer dans mon goût, je trouvais qu'un jeune homme devenait généreux et brave en voyant mes héros, et qu'une fille devenait honnête et sage en lisant *Cléopâtre.* Quelquefois il y en a qui prennent un peu les choses de travers ; mais elles ne feraient peut-être guère mieux, quand elles ne sauraient pas lire : quand on a l'esprit bien fait, on n'est pas aisée à gâter. » Il y a pourtant des ouvrages qu'elle aime mieux que les romans. Elle voudrait avant tout que Pauline prît goût aux livres d'histoire. « Si on a besoin de lui pincer le nez pour lui faire avaler, je la plains. » Puis viennent des auteurs encore plus sérieux : « A-t-elle tâté de Lucien ? Est-elle à portée des *Petites lettres* ?... A l'égard de la morale, comme elle n'en ferait pas un si bon usage que vous, je ne voudrais pas du tout qu'elle mît son petit nez ni dans Montaigne, ni dans Charron, ni dans les autres de cette sorte ; il est bien matin pour elle. La vraie morale de son âge, c'est celle qu'on apprend dans les bonnes conversations, dans les fables, dans les histoires, par les exemples ; je crois que c'est assez. »

Ces lectures, qu'elle recommande à sa petite-fille, ce sont les mêmes qu'elle a faites dans sa jeunesse et dont elle a tant profité. Elle n'en parle qu'avec une sorte d'effusion de reconnaissance ; elle sait tout ce qu'elle leur doit. En lisant on s'habitue à réfléchir ; en lisant on apprend à écrire ; « et c'est une si jolie chose que de savoir écrire ce que l'on pense ! »

III

Nous ne sommes pas seulement les élèves de nos maîtres ; notre éducation se fait aussi dans les sociétés que nous fréquentons et par les gens avec qui nous sommes liés. Personne n'échappe tout à fait à l'influence du milieu dans lequel il est placé ; Mme de Sévigné doit l'avoir subie plus que les autres. Nous verrons avec quelle facilité elle prenait, dans son âge mûr, les opinions de ceux qui l'entouraient, et comme elle se pénétrait vite de leurs sentiments. Cette disposition devait être encore plus marquée chez elle dans sa jeunesse, à l'âge où l'on a soi-même moins d'idées arrêtées, et où l'on est plus accessible à celles des autres.

Nous savons qu'elle a fréquenté d'abord l'hôtel de Rambouillet, et qu'elle y a tenu assez de place pour que Somaize ait mis son portrait dans le *Dictionnaire des Précieuses*. C'était une société qu'on ne traversait pas impunément ; aussi quelques critiques rigoureux, convaincus qu'elle a dû s'y gâter, ont-ils voulu retrouver des traces de préciosité dans sa correspondance. S'il y en a, je ne crois pas qu'elles y soient nombreuses. Mme de Sévigné, comme nous la connaissons, a dû prendre plutôt les bonnes qualités de l'hôtel que les mauvaises. Il lui était assez facile d'en éviter les défauts. Par son tempérament vigoureux, son robuste bon sens, la netteté et la franchise de son esprit, son goût pour les propos salés et les conversations gaillardes, elle était le contraire d'une précieuse. N'oublions pas, d'ailleurs, qu'elle n'avait que dix-neuf ans quand la fille de la maison, Julie d'Angennes, épousa M. de Montausier, et qu'à partir de ce moment la société de Mme de Rambouillet commence à se disperser. Mme de Sévigné n'a pu la connaître qu'à son déclin, quand son importance était fort amoindrie. Ce n'est donc pas là qu'elle a dû achever l'éducation de son esprit.

Il est vraisemblable qu'elle doit davantage aux sociétés qui recueillirent les débris de l'hôtel de Rambouillet et essayèrent d'en continuer les traditions. Elle y était fort appréciée, et dès 1661 un de ses admirateurs parle « du grand et légitime bruit que son mérite fait dans le monde ». Ces sociétés, nous le savons, étaient très occupées des lettres; on y causait volontiers des poésies nouvelles et des ouvrages qui venaient de voir le jour; les auteurs souhaitaient beaucoup y plaire et faisaient des sacrifices pour mériter d'y être applaudis. Elles ont donc influé de quelque manière sur la littérature du temps, et si l'on veut connaître dans quelles voies elles l'ont surtout poussée, le théâtre, image fidèle du monde, nous le fait voir. C'est le moment où il passe de Corneille à Racine; on s'éloigne peu à peu de l'idéal d'héroïsme et de grandeur d'âme qui étaient à la mode depuis *le*

Cid; au lieu de ces inégalités de ton, de ces familia-
rités hautaines, de ces rudesses de touche, qui ne
déplaisaient pas à des spectateurs mal dégrossis, on
exige des peintures plus tendres, des couleurs mieux
fondues, une correction plus scrupuleuse, une noblesse, une dignité, une élégance soutenues. Surtout
la façon dont on s'exprime n'est plus tout à fait la
même. Si je ne craignais pas d'établir des divisions
trop tranchées dans ce qui s'est fait peu à peu et par
des transitions insensibles, je dirais qu'il y a eu alors
comme deux langues françaises, assez différentes
entre elles et qui se sont succédé l'une à l'autre. La
première, celle de Descartes et de Balzac, paraît être
l'œuvre des savants, qui l'ont faite sur le modèle du
latin oratoire et lui ont donné surtout l'abondance
et la majesté. L'autre, celle qui fut écrite et parlée
dans la seconde moitié du siècle, qui de Pascal à
La Bruyère va s'affinant et s'allégeant sans cesse,
devenant toujours plus alerte, plus vive, plus légère,
celle dont le siècle suivant s'arma pour ses grandes
batailles, me semble avoir été plutôt formée et fa-
çonnée dans les conversations des gens du monde.
Les hommes de lettres de cette époque reconnaissent que les salons sont pour eux une école où ils
s'instruisent encore plus qu'ils ne s'y plaisent.
Voiture a l'air de n'être qu'une sorte de secrétaire
des personnes d'esprit qui l'admettent dans leur
société. « Vous voyez, dit-il, comme je sais bien
me servir des jolies choses que j'entends dire. »
Ménage raconte que M. de Varillas lui disait, un

jour, que, de dix choses qu'il savait, il en avait
appris neuf dans la conversation ; et il s'empresse
d'ajouter : « Je pourrais dire à peu près la même
chose ».

Ce ne sont pas là de simples phrases de politesse.
Je crois qu'on peut prouver par des exemples que
Voiture et Ménage disaient la vérité, et que le monde
apprenait beaucoup à ceux qui le fréquentaient. A mesure que le siècle avance en âge, on voit les gens qui
n'ont d'autre éducation que celle que donne la bonne
compagnie, devenir plus exigeants, plus délicats dans
la manière d'exprimer leurs idées, et prendre de plus
en plus l'habitude de bien écrire. Remontons à l'époque de Louis XIII et de la Fronde ; les grandes dames
de ce temps, Mme de Hautefort, Mme de Longueville, Mme de Maure, Mme de Sablé, avaient certes
des sentiments très élevés et beaucoup de distinction
dans les manières ; il est probable qu'elles causaient
bien, mais il est sûr qu'elles écrivaient mal. Leurs
phrases sont lourdes, traînantes, embarrassées d'in-
cises, pleines de tours vulgaires et d'expressions communes ; il faut leur avoir voué une affection qui résiste
à tous les mécomptes pour lire leurs lettres jusqu'au
bout. Mme de Longueville, annonçant à Mme de
Sablé la mort de M. Singlin, le célèbre directeur des
religieuses de Port-Royal, qui était son confesseur,
achevait ainsi sa lettre : « En vérité, j'en suis tout à
fait touchée, car, outre l'obligation que j'avais à ce
saint homme de sa charité pour moi, me revoilà
tombée dans l'embarras où j'étais devant que de le

prendre, c'est-à-dire d'avoir besoin de quelqu'un et de ne savoir qui prendre. Je vous prie de bien prier Dieu pour moi. Je ne doute pas que vous ne soyez bien touchée aussi, et qu'outre le touchement d'amitié et de besoin, vous ne la soyez aussi par voir la mort dans un de vos amis, qui est quasi la voir en soi-même. » On n'écrivait plus ainsi vingt ans plus tard. Je ne veux pas, pour l'établir, opposer à ce billet informe des lettres de Mme de Sévigné : ce serait se ménager un succès trop facile, et d'ailleurs on pourrait toujours dire que c'est une femme d'un génie exceptionnel, que son talent n'appartient qu'à elle seule, et que son exemple ne prouve rien pour les autres. Prenons plutôt, parmi ses correspondants, des gens de second ordre, d'une réputation modeste, qui nous donneront mieux la mesure commune. Voici une provinciale, une jeune Bretonne, dont Mme de Sévigné n'avait pas très bien auguré d'abord, tant elle était timide et embarrassée; c'était sa belle-fille, la femme de Charles de Sévigné; nous avons quelques lettres d'elle, qui ne sont pas des chefs-d'œuvre, comme celles de sa belle-mère, mais dont les expressions sont justes et le tour facile. En écrivant à sa belle-sœur, Mme de Grignan, elle entre agréablement dans des plaisanteries qu'on avait faites sur sa petite taille et son air chétif. « Je veux prier votre fils, lui dit-elle, de ne me plus appeler sa tante; je suis si *petite* et si *délicate,* que je ne suis tout au plus que sa cousine. La santé de Mme de Sévigné n'est point du tout comme moi; elle est *grande* et *forte,* j'en prends un soin qui vous ferait jalouse. Je vous avoue pourtant que c'est sans aucune contrainte ; je la laisse aller dans les bois avec elle-même et des livres ; elle s'y jette naturellement, comme la belette dans la gueule du crapaud.... Vous me ravissez, ma chère sœur, de me dire que Mme de Sévigné m'aime ; j'ai le goût assez bon pour connaître le prix de son amitié et pour l'aimer aussi de tout mon cœur. » Mme de Sévigné a raison de trouver « fort bon » ce qu'écrit sa belle-fille : c'est d'une langue aisée et courante, qui exprime bien ce qu'elle veut dire. Une autre fois, elle est amenée à insérer dans une de ses lettres quelques mots de son petit-fils, le marquis de Grignan, qui revenait de sa première campagne. Elle est en train de mander à sa fille, comme à l'ordinaire, les nouvelles de la ville et de la cour, lorsqu'elle s'interrompt tout d'un coup : « Mais voilà le marquis qui revient de là-haut, je commençais à chanter :

Le héros que j'attends ne reviendra-t-il pas ?

le voilà donc avec ma plume que je lui remets. »

Et il faut avouer que le jeune officier de seize ans ne se sert pas trop maladroitement de cette plume redoutable. Voici comment il rend compte à sa mère de ses faits et gestes : « J'arrive de Versailles, madame, où j'allai dimanche passé. Je fus d'abord chez M. le maréchal de Lorges, pour le prier de me présenter au roi ; il me le promit, et me donna rendez-vous à la porte de l'appartement de Mme de Main-

tenon, pour le saluer quand il sortirait. Je le saluai
donc, il s'arrêta, et me fit un signe de tête en souriant.
Le lendemain, je saluai Monseigneur, madame la Dauphine, Monsieur, Madame et les princes du sang
chez eux, et je fus partout bien reçu. De là je fus
chez M. de Montausier, où je demeurai jusqu'à la
comédie; on jouait *Andromaque,* qui m'était toute
nouvelle : jugez, madame, du plaisir que j'y pris. »
Il continue ainsi allègrement à lui raconter ses bonnes
fortunes, et termine en lui disant : « Voilà, madame,
un compte exact de ce qui s'est passé à Versailles.
Permettez-moi, en voyant votre portrait, de gémir
de ne pouvoir me jeter aux pieds de l'original, lui
baiser ses deux mains, et aspirer à une de ses joues. »
On voit bien que ce petit marquis vient d'entendre
parler les beaux esprits à la mode. Depuis son retour
de l'armée, il ne quitte pas la bonne compagnie, et il
répète à sa mère les galanteries qu'on y débite. Sa
lettre n'en est pas moins d'un tour facile et agréable ;
elle ne ressemble guère à celles que les gens comme
lui écrivaient quelque vingt ans plus tôt. Ce n'est
pas qu'il eût beaucoup étudié. Nous savons, au contraire, que son éducation avait été d'abord fort négligée ; elle commença tard et elle finit de bonne heure :
à quinze ans il était soldat et partait pour l'Allemagne dans l'armée de Monseigneur. Sa grand'mère
aurait bien voulu qu'il suppléât pendant ses loisirs à
ce qui lui manquait ; mais nous venons de voir qu'elle
n'avait pu lui donner le goût des bonnes lectures.
Heureusement il aimait le monde, et il lui suffit de le

traverser pour prendre une certaine politesse de manières et une aisance de style dont sa lettre porte la trace.

Que doit Mme de Sévigné à cette société dans laquelle elle a passé toute sa vie? Il est difficile de le savoir avec précision; mais on peut être sûr qu'elle lui doit quelque chose.

IV

Nous venons de voir Mme de Sévigné préparée à bien écrire par son excellente éducation, par ses lectures, par la fréquentation des personnes les plus distinguées de Paris et de la cour. Elle sait sa langue. elle la parle à merveille; dans ce monde où l'on rencontre à chaque pas des femmes d'esprit, elle passe pour une des plus spirituelles et des plus éclairées; on cite ses reparties, on s'autorise de ses jugements. En même temps elle a la bonne fortune d'assister à l'éclosion d'une grande littérature. Elle a lu, dans sa jeunesse, les *Provinciales,* au moment même où elles se répandaient dans le public comme un pamphlet clandestin; plus tard elle a vu naître les premières pièces de Molière, les premières tragédies de Racine, les premières fables de la Fontaine; elle a entendu Mascaron, Bossuet, Bourdaloue; elle a causé familièrement avec Retz et la Rochefoucauld. Intelligente comme elle est, sensible à toutes les beautés des ouvrages d'esprit, et, avec une préférence secrète

pour les admirations de ses premières années, ne se
refusant pas à goûter les œuvres nouvelles, elle comprend tout, elle profite de tout, elle s'assimile tout.
Vienne une occasion qui agite profondément son
âme, et tous ces trésors accumulés paraîtront au jour.
Soyons sûrs qu'elle saura dire ce qu'elle pense et ce
qu'elle sent.

Cette occasion fut, pour elle, le départ de sa fille.
Sans doute elle s'était montrée auparavant une femme
d'esprit, qui savait écrire des lettres fort agréables
et se tirait très finement d'affaire, dans des com-
merces délicats. Elle avait même touché à l'éloquence,
lorsqu'il lui avait fallu se défendre contre les subti-
lités et les impertinences de Bussy. Mais ce n'était
rien encore; pour donner sa vraie mesure, il fallait
qu'elle fût atteinte dans ses plus vives affections. Sa
passion déborde alors tout d'un coup de son cœur,
et l'on peut dire que son talent jaillit tout entier avec
ses larmes.

Sa fille vient de la quitter : elle s'en va retrouver
son mari, au bout du monde, en Provence. Avant
d'arriver à ces terres lointaines, d'où elle ne reviendra
plus qu'à de rares intervalles, il faut qu'elle s'expose
à des périls, qui alors faisaient trembler les plus
braves : la descente de Tarare, le Rhône, le pont
Saint-Esprit, que sais-je encore? La mère songe à
tout et redoute tout d'avance. Elle a sans cesse
devant les yeux des fondrières, des précipices, des
chevaux qui s'emportent, des barques qui sombrent.
De retour dans sa maison vide, où tout la fait sou-

venir de celle qui vient de la quitter, elle prend la
plume et soulage son cœur en écrivant : « Ma douleur serait bien médiocre, si je pouvais vous la
dépeindre ; je ne l'entreprendrai pas aussi. J'ai beau
chercher ma chère fille, je ne la trouve plus, et tous
les pas qu'elle fait l'éloignent de moi. Je m'en allai
donc à Sainte-Marie, toujours pleurant et toujours
mourant ; il me semblait qu'on m'arrachait le cœur et
l'âme ; et, en effet, quelle rude séparation ! Je deman-
dai la liberté d'être seule ; on me mena dans la
chambre de Mme du Housset ; on me fit du feu ;
Agnès me regardait sans me parler : c'était notre
marché ; j'y passai jusqu'à cinq heures sans cesser
de sangloter. Toutes mes pensées me faisaient mourir. » Trois jours après, on lui apporte les premières
lettres de sa fille, et sa douleur recommence : « Je
reçois vos lettres, ma bonne, comme vous avez reçu
ma bague : je fonds en larmes en les lisant ; il semble
que mon cœur veuille se fendre par la moitié.... Vous
me faites sentir pour vous tout ce qu'il est possible
de sentir de tendresse ; mais, si vous songez à moi,
ma pauvre bonne, soyez assurée aussi que je pense
continuellement à vous : c'est ce que les dévots
appellent une pensée habituelle ; c'est ce qu'il faudrait avoir pour Dieu, si l'on faisait son devoir. Rien
ne me donne de distraction, je suis toujours avec
vous. Je vois ce carrosse qui avance toujours et qui
n'approchera jamais de moi. Je suis toujours dans
les grands chemins ; il me semble que j'ai quelquefois
peur qu'il ne verse. Les pluies qu'il fait depuis trois

jours me mettent au désespoir. Le Rhône me fait une
peur étrange; j'ai une carte devant les yeux, je sais
tous les lieux où vous couchez : vous êtes ce soir
à Nevers, et vous serez dimanche à Lyon, où vous
recevrez cette lettre. » Puis viennent des recomman-
dations sans fin, à propos de tous les dangers qu'on
peut courir en voyage : « Ayez pitié de moi, con-
servez-vous, si vous voulez que je vive. Vous m'avez
si bien persuadée que vous m'aimez qu'il me semble
que, dans la vue de me plaire, vous ne vous hasar-
derez point. Mandez-moi bien comme vous condui-
rez votre barque. Hélas! qu'elle m'est chère et précieuse, cette petite barque que le Rhône m'emporte
si cruellement! » Les jours passent, la douleur reste.
Il y a quinze jours à peine que sa fille est partie, il
semble à la mère que ce soit un siècle : « Ah! ma
bonne, que je voudrais bien vous voir un peu, vous
entendre, vous embrasser, vous voir passer, si c'est
trop que le reste! » Tout entretient ses larmes, les
lettres qui lui arrivent, les amis, les connaissances
qui viennent lui apporter leurs compliments, les
lieux qu'elle a vus avec sa fille et qu'elle revoit toute
seule. « Je prétends être en solitude, dit-elle quand
elle est retournée pour la première fois à Livry; je
fais de ceci une petite Trappe; je veux y prier Dieu,
y faire mille réflexions. Mais, ma pauvre bonne, ce
que je ferai mieux que tout cela, c'est de penser à
vous. Je n'ai pas encore cessé, depuis que je suis
arrivée, et ne pouvant contenir tous mes sentiments
sur votre sujet, je me suis mise à vous écrire au bout

de cette petite allée sombre que vous aimez, assise sur le siège de mousse où je vous ai vue quelquefois couchée. Mais, mon Dieu, où ne vous ai-je pas vue ici? et de quelle façon toutes ces pensées me traversent-elles le cœur? Je vous vois, vous m'êtes présente, je pense et je repense à tout; ma tête et mon esprit se creusent; mais j'ai beau tourner, j'ai beau chercher; cette chère enfant que j'aime avec tant de passion est à deux cents lieues. Je ne l'ai plus. Sur cela je pleure, sans pouvoir m'en empêcher. »

Arrêtons-nous, il faut se faire une raison. Quand une fois on a donné la parole à Mme de Sévigné, on serait bien heureux de la lui laisser. Rien n'est plus difficile que de s'arracher au plaisir que ces lettres vous causent, de se reprendre soi-même, pour les étudier et les juger. Il le faut pourtant, si nous voulons nous rendre compte de notre plaisir et l'accroître en l'analysant.

Les passages que nous venons de citer ont un air si simple, ils disent si naturellement ce que nous éprouvons tous, qu'on les lit d'abord sans surprise, et qu'il semble qu'on n'ait rien à y remarquer que cette simplicité même et ce naturel. Or ces qualités sont de celles qui n'attirent pas l'attention : on les aperçoit à peine dans les ouvrages où elles se trouvent; c'est en lisant ceux où elles manquent qu'on en sent tout le prix. Ici pourtant, dès qu'on réfléchit, on s'étonne de voir que cette grande émotion s'exprime dans une langue si ferme, si sûre, si correcte, sans hésitation ni tâtonnement. La vivacité de ces plain-

tes suppose qu'elles ont coulé tout d'un coup, comme
d'un jet, et la perfection du style semble ne pouvoir
être atteinte sans quelque étude et quelque retouche.
On dit quelquefois qu'une grande passion crée du
premier coup la langue qui l'exprime; j'en doute
beaucoup. Il me semble, au contraire, que, lorsque
l'âme est vivement touchée, les expressions par lesquelles on veut rendre les sentiments qu'on éprouve
paraissent toujours ternes et froides, qu'on est tenté
de les exagérer, de les forcer, afin de les mettre au
niveau de sa douleur ou de sa joie. De là quelquefois
des termes excessifs, des métaphores qui détonnent,
qu'on serait tenté de croire imaginées froidement et
à loisir, tandis qu'au contraire elles sont nées d'un
premier mouvement, par l'effort instinctif que nous
faisons pour trouver une expression qui réponde à
l'intensité de notre passion. Il n'y a rien de pareil
dans les lettres de Mme de Sévigné, et la douleur,
quelque violente qu'elle soit, parle toujours une
langue exacte et juste. C'est un mérite précieux et
surtout fort rare : pour n'être pas trop surpris de le
trouver chez elle à ce degré, rappelons-nous ce que
nous venons de dire sur la manière dont elle s'est
préparée, sans le savoir, à devenir un grand écrivain.

Un autre caractère des lettres de Mme de Sévigné, qui
n'est pas moins remarquable, c'est qu'en général les
choses les plus tendres y sont dites avec finesse. Je ne
veux pas seulement parler de quelques phrases isolées
qui ont paru quelquefois un peu prétentieuses : « La

bise de Grignan me fait mal à votre poitrine. — Ma
bonne, que votre ventre me pèse! — Je n'ose pas lire
vos lettres de peur de les avoir lues. » Ce n'est qu'un
mot jeté en passant; mais presque partout, au moment où elle paraît se livrer à toute son émotion,
elle emploie des tours ingénieux, elle fait des réflexions spirituelles, elle est agréable, piquante,
coquette. Tout cela semble à quelques personnes
venir d'un esprit très maître de soi, que la passion ne
domine pas assez pour qu'il ne soit pas fort occupé
de bien dire. Je plaçais tout à l'heure le naturel parmi
les qualités maîtresses de Mme de Sévigné; il y a
des gens qui ne sont pas de cet avis et qui prétendent que c'est précisément le mérite qui lui manque
le plus; mais il faut s'entendre sur les mots. Le
naturel est, pour chacun, ce qui est conforme à sa
nature, et, comme nous avons tous notre nature particulière fort différente de celle de nos voisins, le
naturel ne peut pas être tout à fait le même chez tout
le monde; sans compter que l'éducation et l'habitude
nous font une seconde nature, qui souvent a plus de
force que la première. Dans ces sociétés où Mme de
Sévigné a vécu, on se piquait de parler avec finesse.
Les premières fois qu'on y paraissait il fallait peut-
être un peu d'étude et d'effort afin de se mettre au
ton des autres; on se surveillait pour trouver de ces
reparties agréables qui, parmi les habitués de l'hôtel
de Rambouillet ou de l'hôtel de Richelieu, donnaient
une bonne réputation à la nouvelle arrivée, mais au
bout de quelque temps les traits heureux partaient

d'eux-mêmes, et l'on n'avait plus besoin de les chercher. Chez une personne élevée à ce régime, ce qui pourrait paraître au premier abord subtil et raffiné est ordinaire et naturel. Qu'elle parle ou qu'elle écrive, les idées prennent une certaine forme, qui n'est pas celle de tout le monde, et les phrases vives, spirituelles, délicates, qui demanderaient à d'autres quelque travail, lui arrivent toutes seules. Assurément, je ne voudrais pas dire que Mme de Sévigné écrivait bien sans le savoir; c'est une chose dont une femme d'esprit se doute toujours, et d'ailleurs ses amis ne le lui laissaient pas ignorer. « Vos lettres sont délicieuses, lui disait-on, et vous êtes comme vos lettres. » Il lui était d'autant plus facile de le croire qu'elle se faisait tout bas à elle-même les compliments qu'on lui adressait tout haut. Un jour qu'elle venait d'écrire à son ami, le médecin Bourdelot, elle disait à sa fille : « Mon Dieu, que je lui fis une bonne réponse ! Cela est sot à dire, mais j'avais une bonne plume et bien éveillée ce jour-là. » C'est un grand charme de sentir qu'on a de l'esprit, et l'on comprend que Mme de Sévigné s'y soit quelquefois abandonnée avec un peu de complaisance. Dans ses lettres les plus intimes, où elle songe le moins au public, on pourrait noter certains passages où elle est heureuse de reprendre son idée, de la parer, de l'embellir, d'y ajouter des détails nouveaux de plus en plus ingénieux et délicats. Elle le fait sans effort, pour satisfaire son goût personnel et se donner la joie de dire agréablement ce qu'elle pense,

On a remarqué que les gens qui parlent bien ne sont
pas seulement sensibles aux louanges des autres;
ils veulent aussi se plaire à eux-mêmes, indépen-
damment du public qui les entoure, et s'écoutent
volontiers parler. On pourrait dire, dans le même
sens, que Mme de Sévigné se regarde quelquefois
écrire. C'est une de ces coquetteries naïves qui, chez
les femmes, n'excluent pas la sincérité et peuvent se
joindre avec le naturel.

Certes, cette façon de parler si exacte et si juste,
cette finesse et cet esprit dans l'expression des choses
du cœur sont des qualités rares; ce n'est pourtant
pas ce qui caractérise le mieux Mme de Sévigné. Elle
n'était pas seule alors à les posséder; et, par exemple,
on les retrouve dans la correspondance de son
amie Mme de Coulanges. Mais voici ce qui lui appartient en propre et la met au premier rang. Personne n'a eu plus qu'elle une imagination vive et
mobile. Elle possède d'une manière merveilleuse ce
don charmant de voir à distance et de voyager par
l'esprit. Est-il nécessaire de dire que la Provence et
le château de sa fille étaient le but ordinaire de ces
voyages? Il lui est arrivé, dans ses moments d'amère
tristesse, de songer à ce cheval ailé qui parcourait la
terre en deux jours, et de se dire : « Ah! si j'avais
l'hippogriffe à mon commandement! » Elle n'en a
vraiment pas besoin; son imagination lui suffit. Dès
la première séparation, elle connaît si bien Grignan,
qu'elle n'a jamais vu, que, dès que sa fille en sort, elle
se trouve toute dépaysée : « Je vous crois à Lam-

besc, ma bonne ; mais je ne vous vois pas bien d'ici :
il y a des ombres dans mon imagination, qui vous
couvrent à ma vue. Je m'étais fait le château de Grignan ; je voyais votre appartement, je me promenais
sur votre terrasse, j'allais à la messe dans votre belle
église ; mais je ne sais plus où j'en suis. » Une autre
fois, après avoir demandé des nouvelles du chevalier
de Grignan, qu'elle aimait beaucoup, et que ses infir-
mités retenaient en Provence, elle ajoute : « Dites-
moi dans quelle chambre vous l'avez mis, afin que
je lui fasse des visites ». Elle ne connaissait encore
sa petite-fille, Pauline, que par les tableaux complaisants qu'on lui faisait de l'agrément de son visage
et surtout de la beauté de ses yeux. Là-dessus son
imagination s'enflamme, et elle s'écrie : « Ah! qu'ils
sont jolis! je les vois ». Ce n'est pas une phrase;
elle les voyait réellement. Avec ses amis éloignés
elle cause comme s'ils étaient près d'elle. Ses lettres sont des conversations : c'est elle-même qui le
dit, et elles en ont tous les avantages. On y trouve
d'abord, comme il arrive dans la familiarité d'un en-
tretien, une variété et un désordre piquants. Elle
n'est pas comme son cousin Bussy, qui met dans les
siennes une régularité exemplaire. Il se pique de
répondre avec un ordre parfait à toutes les observations et même à toutes les plaisanteries qu'on lui a
faites ; chaque chose est à sa place et vient à son rang.
Mme de Sévigné n'a pas de méthode pour écrire et
ne se fait pas un plan d'avance. C'est son imagination qui la mène : elle va de tous les côtés, et finit

par raconter tant de choses singulières auxquelles
d'abord elle ne songeait pas qu'il lui arrive d'en être
un peu confuse : « Si la poste savait de quoi nos paquets sont remplis, ils les laisseraient à moitié chemin. » Comme elle voit les événements qu'elle raconte, à quelque distance qu'ils se soient passés, les
tableaux qu'elle en fait sont incroyables de vérité et
de vie. Je suis un peu embarrassé d'en fournir la
preuve, non pas que les exemples manquent; mais
ces charmantes narrations sont trop connues, on les
sait par cœur. Comment oser redire aujourd'hui ou
la mort de Turenne, ou l'histoire de l'archevêque de
Reims revenant de Saint-Germain, ou la manière
dont la bassette amena la séparation de la Fare et
de Mme de la Sablière, ou le charmant caquetage à
propos de Langlée et de l'habit de Mme de Montespan? En voici pourtant une qui me paraît moins
connue; en quelques coups de crayon, c'est un tableau achevé : il nous représente le grand Condé qui,
d'ordinaire, était fort négligé dans sa mise, tel qu'il
apparut aux courtisans ébahis le jour où le prince de
Conti épousa Mlle de Blois : « Je vous dirai une
nouvelle, la plus grande et la plus extraordinaire
que vous puissiez apprendre, c'est que M. le Prince
fit faire hier sa barbe; il était rasé, ce n'est point une
illusion, ni de ces choses qu'on dit en l'air, c'est une
vérité; toute la cour en fut témoin, et Mme de Lan-
geron, prenant son temps qu'il avait les pattes croi-
sées, comme le lion, lui fit mettre un justaucorps
avec des boutonnières de diamants; un valet de

chambre, abusant aussi de sa patience, le frisa, lui
mit de la poudre, et le réduisit ainsi à être l'homme
de la cour de la meilleure mine, et une tête qui effa-
çait toutes les perruques. Voilà le prodige de la
noce. »

Avec une imagination si vive et une nature si mobile, il lui était naturel de s'abandonner sans résistance aux impressions qu'on voulait lui donner. Elle
acceptait les idées des gens qu'elle aimait et partageait vite leurs sentiments. « Je suis toujours, disait-
elle, de l'avis de celui que j'entends le dernier. » On
voit qu'elle se connaissait bien. Il lui arrivait même
de plaisanter sur sa faiblesse ; elle disait d'elle-même :
« Et moi, bête de compagnie, comme vous me con-
naissez » ; ou encore : « Vous savez que je suis comme
on veut, mais je n'invente rien ». On pourrait relever, dans ses lettres, des exemples amusants de la
facilité avec laquelle ses amis la font changer d'opinion. C'est assurément un défaut de caractère chez
la femme, mais il est devenu pour l'écrivain une
source de grandes beautés. Cette facilité à ressentir
l'émotion des autres ajoute à la sienne, et leur esprit
excite et allume son esprit. Ce n'est pas elle seule
qu'on entend, quand elle parle ; elle est souvent le
reflet des grands esprits qu'elle fréquente. Il me
semble qu'on peut dire, à la manière dont elle s'exprime, quels sont les gens qu'elle vient de quitter,
et de qui elle tient les réflexions et les récits qu'elle
répète à sa fille. N'avait-elle pas passé la journée
avec la Rochefoucauld, chez Mme de la Fayette,

quand elle nous fait une si fine peinture de ce bon
d'Hacqueville, amoureux malgré lui et sans le savoir : « Vous me demandez les symptômes de cet
amour : c'est premièrement une négative vive et prévenante ; c'est un air outré d'indifférence qui prouve
le contraire ; c'est une suspension de tout le mouvement de la machine ronde ; c'est un relâchement de
tous les soins ordinaires pour vaquer à un seul ;
c'est une satire perpétuelle contre les vieilles gens
amoureux : « Vraiment, il faudrait être bien fou, bien
insensé ! Quoi ! une jeune femme ! Voilà une bonne
pratique pour moi ! Cela me conviendrait fort ! J'ai-
merais mieux m'être rompu les deux bras. » A cela
on répond intérieurement : « Eh oui, tout cela est
vrai ; mais vous ne laissez pas d'être amoureux. Vous
nous dites vos réflexions ; elles sont justes, elles
sont vraies, elles font votre tourment ; mais vous ne
laissez pas d'être amoureux. Vous êtes tout plein de
raison ; mais l'amour est plus fort que toutes les
raisons. Vous êtes malade, vous pleurez, vous en-
ragez : et vous êtes amoureux. » Dans une lettre fort
triste qu'elle écrit à sa fille, au moment de partir
pour les Rochers, c'est-à-dire d'ajouter cent lieues
à la distance qui les sépare, on trouve tout d'un coup
une grande tirade sur la Providence : « Qui m'ôterait la vue de la Providence m'ôterait mon unique
bien ; et, si je croyais qu'il fût en nous de ranger,
de déranger, de faire, de ne faire pas, de vouloir
une chose ou une autre, je ne penserais pas à trouver
un moment de repos : il me faut l'auteur de l'univers

pour raison de tout ce qui arrive. Quand c'est à lui qu'il faut m'en prendre, je ne m'en prends plus à personne et je me soumets.... Il faut qu'il y ait une Mme de Sévigné qui aime sa fille plus que toutes les autres mères, qu'elle en soit souvent très éloignée, et que les souffrances les plus sensibles qu'elle ait dans cette vie lui soient causées par cette chère fille. » Cette fois, nous n'avons pas besoin de chercher bien loin qui lui a suggéré ces réflexions; elle nous apprend elle-même qu'elle vient de dîner avec des gens de beaucoup d'esprit « qui ne lui ôtèrent pas cette opinion ». C'étaient ses chers amis de Port-Royal, qui avaient développé devant elle la grande doctrine de la Grâce ; elle n'a fait qu'appliquer leurs idées à sa situation particulière. Une de ses plus jolies lettres est celle où elle raconte la réception des chevaliers de l'ordre du Saint-Esprit, dans la grande promotion des soixante-quatorze, dont son gendre faisait partie. Elle n'y avait pas assisté elle-même, mais Coulanges était allé exprès à Versailles pour la voir, et elle nous dit qu'il vient de lui en faire le récit. Elle n'avait vraiment pas besoin de nous le dire, et il me semble que, sans être avertis, nous l'aurions bien reconnu : c'est sa voix, son geste, son esprit de bouffonnerie et de parodie, qui lui fait voir surtout le côté plaisant des choses graves ; c'est bien lui qui a saisi et noté au passage les incidents burlesques de cette majestueuse cérémonie, la perruque de M. de la Trousse qui se dérange, M. de Monchevreul et M. de Villars qui s'accrochent l'un à l'autre d'une telle furie que nulle main d'homme ne peut les séparer. « Plus on y tâchait, plus on brouillait, comme les anneaux de Roger. Enfin, toute la cérémonie, toutes les révérences, tout le manège demeurant arrêté, il fallut les arracher de force, et le plus fort l'emporta. » C'est lui surtout, l'amusant petit homme, qui a rapporté le malheur arrivé au bon d'Hocquincourt. « Il était tellement habillé comme les Provençaux et les Bretons que, ses chausses de page étant moins commodes que celles qu'il a d'ordinaire, sa chemise ne voulut jamais y demeurer, quelque prière qu'il lui en fît ; car, sachant son état, il tâchait incessamment d'y donner ordre, et ce fut toujours inutilement ; de sorte que madame la Dauphine ne put tenir plus longtemps les éclats de rire : ce fut une grande pitié ; la majesté du Roi en pensa être ébranlée, et jamais il ne s'était vu, dans les registres de l'Ordre, l'exemple d'une telle aventure. » S'accommoder ainsi, s'approprier à l'esprit des autres, en recevoir le choc qui anime le sien, « ne rien inventer », mais prêter un charme nouveau aux idées qui viennent du dehors, les rajeunir, les rafraîchir par la vivacité du sentiment et la finesse de l'expression, c'est le caractère et le charme de la femme. En ce sens, on peut dire que Mme de Sévigné a été plus femme qu'aucune autre. Ses qualités sont celles que nous nous attendons à trouver et qui nous plaisent le plus chez les personnes de son sexe, non pas l'initiative et le don de créer, mais ce talent de refléter les gens qu'elles aiment, d'entrer dans leurs

pensées et de les rendre plus vives et plus frappantes
en les reproduisant.

Il n'est pas surprenant qu'avec ces qualités, son
style, pour l'essentiel, ne diffère pas de celui de ses
contemporains. Elle écrit mieux que les autres, mais
elle écrit comme eux. Même quand elle raconte des
choses légères, sa phrase est large et périodique;
sans être jamais lourde, comme celle de Mme de Longueville ou de Mme de Sablé, elle a d'ordinaire de
l'ampleur et de l'abondance. Les longs développe-
ments ne lui déplaisent pas, elle insiste sur ses idées,
elle les répète; elle sait prendre à l'occasion des
tours oratoires; c'était l'habitude autour d'elle. Mais
elle a aussi des façons de parler personnelles; elle
crée des expressions qui lui appartiennent, plus
libres, plus vives que celles dont se servent, au
XVIIe siècle, les écrivains de métier. Émerveillée de
la richesse du pays, quand elle traverse la Bourgogne, elle n'hésite pas à dire : « Tout crève ici de
blé »; et à propos d'un voyage que M. de Marcillac
faisait dans ses domaines, où il avait beaucoup de dom-
mages à réparer : « Il ne s'est ni amusé ni détourné;
il avait Gourville, qui n'a pas souvent du temps à
donner et qu'il promenait comme un fleuve par toutes
ses terres, pour y apporter la graisse et la fertilité. »
Je ne vois qu'elle et Saint-Simon qui aient écrit alors
d'une façon aussi originale; et c'est peut-être parce
que tous les deux ne se préoccupaient pas du public.
Elle croyait que ses lettres ne sortiraient jamais du
cercle intime auquel elles étaient adressées; et quant

à lui, comme il avait reculé d'un siècle la publication de ses *Mémoires,* la crainte de ces lecteurs lointains ne pouvait pas gêner beaucoup sa liberté.

Quand on vient de lire la correspondance de Mme de Sévigné, il est naturel qu'on soit un peu surpris qu'une personne de tant de talent, et qui en avait conscience, n'ait pas été tentée d'écrire quelque ouvrage suivi. Pourquoi, par exemple, n'a-t-elle pas composé des mémoires, comme Mme de Motteville, des traités de morale mondaine, comme Mme de Lambert, ou des romans, comme Mme de la Fayette? On se prend quelquefois à le regretter, et il semble d'abord qu'avec cette nature heureuse et cette riche imagination elle nous aurait laissé quelque chef-d'œuvre. Peut-être avons-nous tort de le penser. Les qualités qu'on admire dans ses lettres ne sont pas tout à fait celles que demande un travail de longue haleine; il faut, pour y réussir, être capable de se contenir et de se posséder, se donner le temps de la réflexion, savoir méditer et combiner d'avance. C'est une habitude qu'il n'est pas aisé de prendre, quand on s'est accoutumé à se livrer, pour écrire, à l'impression du moment et à laisser courir sa plume à l'aventure. On a remarqué que les journalistes, qui sont forcés d'improviser un article tous les jours, et qui arrivent à le faire avec un art merveilleux, au bout de quelque temps ne peuvent plus produire que des articles, et sont incapables de composer un livre. Si Mme de la Fayette a écrit de si bons romans, c'est que son tempérament n'était pas celui de son amie, et qu'elle a dirigé son talent d'une autre façon. On voit bien que la nature l'avait faite pour être un auteur de profession. Ses lettres, irréprochables de forme, pleines d'un esprit discret et charmant, sont en général courtes et sèches. C'est le ton d'une femme qui se réserve, qui fait secrètement ses provisions pour les ouvrages qu'elle médite. Mme de Sévigné, au contraire, nous donne tout ce qu'elle a dans le cœur, et, quand elle a pris la plume, elle ne garde rien pour elle. Il est donc vraisemblable que, s'il lui était venu tout d'un coup la pensée d'imiter Mme de la Fayette et d'écrire quelque *Princesse de Clèves,* elle se serait trouvée vide et mal préparée, et que peut-être elle aurait moins réussi que nous ne le supposons. Mais elle nous a laissé ses lettres; qu'avons-nous besoin d'autre chose?

CHAPITRE III

L'ŒUVRE

Tout le monde est d'accord qu'un des plus grands profits qu'on puisse tirer d'une correspondance sincère, qui nous vient de gens intelligents et bien informés, est de nous faire pénétrer plus profondément dans la société dont ils nous entretiennent. Comme ils ignorent que nous les lirons, ils ne sont pas préoccupés d'influer sur notre opinion, ils n'ont pas de thèse et de système. Ils nous donnent, à propos des événements, leur première impression, qui est la bonne; ils nous les montrent comme on les voyait de leur temps, et nous en font les contemporains; les ayant sous les yeux, nous pouvons mieux les juger et nous faire sur eux une opinion qui nous appartienne.

C'est un service que Mme de Sévigné nous rend plus que personne, car elle possède au plus haut degré le don d'animer ce qu'elle raconte. Nous pouvons donc traiter ses lettres comme de véritables documents historiques; mais si nous prétendions en tirer tout ce qu'elles renferment pour la connaissance de son temps, ce serait un travail infini; il faut nous borner et choisir. Figurons-nous que nous venons de lire sa correspondance entière, et que, le livre fermé, revenant sur nos souvenirs, nous nous demandons quelle idée elle nous donne des gens qu'elle a connus, en quoi cette société est semblable à la nôtre et en quoi elle en diffère. Ce sont deux points qu'il importe également de mettre en lumière, car, s'il y a un grand intérêt à montrer ce fonds commun par lequel tous les hommes se ressemblent et se reconnaissent dans tous les temps, il n'est pas moins curieux de voir comment les usages, les idées et même les sentiments changent d'un siècle à l'autre; nous apprenons ainsi que ce qui existe n'a pas toujours été comme il est et pourrait être autrement : c'est une vérité dont on ne s'avise pas du premier coup, quoiqu'elle soit bien élémentaire, et qu'il importe de nous mettre dans l'esprit pour nous empêcher d'être trop entichés de nos opinions, trop ancrés dans nos préjugés, trop rebelles à toute innovation utile.

I

La correspondance de Mme de Sévigné se composant surtout des lettres à Mme de Grignan, ce qu'elle nous montre d'abord, c'est la vie de famille. On pourrait croire qu'à ce propos nous n'aurons pas de

remarques bien nouvelles à faire. Les rapports d'une
mère avec ses enfants ne paraissent pas susceptibles
de beaucoup changer; il semble qu'un genre d'affection qui touche de si près à la nature doit se produire
à peu près toujours de la même façon. Cependant,
dès les premières lettres, on s'aperçoit bien, à de certaines particularités, qu'elles n'ont pas été écrites de
nos jours.

D'abord le ton en est presque partout respectueux et mesuré, et il y règne une gravité qui nous
étonne; assurément, une mère aujourd'hui ne fait pas
tant de cérémonie pour causer avec sa fille. Je sais
bien qu'il ne faut pas être dupe des apparences; la
surprise que nous éprouvons en lisant ces lettres
tient pour beaucoup à une cause extérieure. Les
parents les plus proches n'avaient pas alors l'habitude de se tutoyer; le *vous* qu'ils se disent, et qui
est si contraire à nos usages, suffit pour changer
l'aspect de ces confidences et leur donner un air de
contrainte et de froideur. Nous trouvons, dans les
lettres de Bussy, une preuve assez curieuse de la
répugnance qu'on ressentait à employer dans les
relations des formes trop familières; le P. Bouhours
lui écrit qu'il est singulièrement choqué de voir les
poètes tutoyer sans façon les rois et les princes :

Grand roi, cesse de vaincre ou je cesse d'écrire!

« Le latin, dit-il, le fait sans doute dans les vers, mais
c'est parce qu'il le fait aussi dans la prose. Il n'en est

pas de même de notre langue, qui ne parle par *tu* et par *toi* qu'aux valets et aux petites gens ; ce qui est si vrai qu'un amant ne dit jamais à sa maîtresse ni *tu* ni *toi*. » Bussy est, au fond, de son avis ; il voudrait bien, comme lui, qu'on ramenât les poètes au respect de la majesté souveraine. Sur un point seul, il fait des réserves : « En amour, dit-il, il n'est pas vrai, mon révérend Père, qu'on ne tutoie jamais sa maîtresse ; mais vous n'êtes pas obligé de savoir cela ». Bussy, lui, le savait très bien, ayant eu l'occasion d'écrire beaucoup de lettres de ce genre. A côté de lui, sa fille chérie, la belle et romanesque marquise de Coligny, qui s'était éprise de la Rivière, gentil-homme douteux, mais malhonnête homme certain, ne l'ignorait pas non plus. Nous avons la lettre désespérée qu'elle écrivit à son amant pour lui apprendre qu'elle allait être séparée de lui à jamais. « Tu crois bien, lui dit-elle, qu'on n'aura pas de peine à me résoudre à quitter la vie. C'est la plus douce chose qui puisse m'arriver, après t'avoir perdu. Ne cherche pas à me voir : rien ne serait plus dangereux pour toi et pour moi ; ni même à m'écrire sans des précautions extrêmes, car on en a pris d'étonnantes pour savoir si nous nous écrivons. Adieu, mon tout. Je me meurs, Dieu merci ! » Si le P. Bouhours avait pu lire cette lettre, il aurait bien été forcé d'avouer qu'en amour « on se dit quelquefois *tu* et *toi* » ; mais il est sûr qu'il fallait des circonstances aussi critiques et une passion aussi violente pour qu'on s'affranchît des bienséances ordinaires.

Je n'ai trouvé, dans toute la correspondance de
Mme de Sévigné, qu'un seul passage où elle se permet
de tutoyer quelqu'un. Elle était aux Rochers, dans un
de ces moments de solitude et de tristesse où l'absence de sa fille la mettait tout à fait hors d'elle.
« Vous dites donc, lui écrivait-elle, que Grignan
m'embrasse. Vous perdez le respect, mon pauvre
Grignan. — Viens donc un peu jouer dans mon mail,
je t'en conjure; il y fait si beau, — j'ai si envie de vous
voir jouer, vous jouez de si bonne grâce, vous faites
de si beaux coups. Vous êtes bien cruel de me refuser
une promenade d'une heure seulement. Et vous, ma
petite, venez, nous causerons. Ah, mon Dieu! j'ai
bien envie de pleurer! » Remarquez que c'est son
gendre qu'elle tutoie, et non sa fille; la comtesse de
Grignan imposait le respect. Elle était même si cérémonieuse qu'un jour, parlant à Mme de Sévigné du
baron de Chantal, elle l'appela « monsieur votre
père ». — « J'ai cru que nous n'étions pas parents,
répond la mère un peu piquée; que vous était-il, à
votre avis? »

Mais ce ne sont là, je le répète, que des formes
extérieures qui ne changent rien au fond des choses.
Il faut se garder d'en tirer des conclusions trop
rigoureuses dans aucun sens. Je vois des gens qui,
épris du bon vieux temps, et résolus à le proposer en
tout pour modèle, admirent beaucoup cette façon de
se dire un *vous* respectueux entre parents, et pensent
qu'elle aide à conserver une certaine dignité dans les
relations les plus intimes. Pour se détromper, il leur

suffira de lire les confidences très hasardées que la mère fait à sa fille, dans son beau langage, sur la conduite de Charles de Sévigné, sur ses amours avec Ninon de Lenclos et la belle duchesse de Villeroy, qui eurent pour lui des suites si désagréables, et de voir avec quel plaisir la fille écoute tous ces récits; il faut bien avouer que la gravité est complètement absente de ces histoires légères. Quant à ceux qui prétendent que le *vous* est fâcheux parce qu'il gêne la liberté des relations et qu'il jette une certaine froideur dans l'expression des sentiments, la correspondance entière de Mme de Sévigné leur montrera qu'il n'est pas besoin de se tutoyer pour s'aimer avec passion et pour se le dire.

Il est vrai qu'il ne faut pas juger toute cette époque sur l'exemple de Mme de Sévigné : elle était de son temps une exception. Ces effusions de tendresse pour sa fille, dont elle est si prodigue dans ses lettres, et que, dans la vie ordinaire, elle ne pouvait pas tout à fait retenir, causaient quelque surprise autour d'elle. Évidemment, on n'y était pas accoutumé. Mme de Grignan craignait que sa mère ne fût blâmée de ces grands éclats de passion, et qu'en prêtant à rire aux malins elle ne la rendît elle-même ridicule. Il est donc certain que d'ordinaire on allait moins loin que Mme de Sévigné, et que, dans l'expression des sentiments, il était de bon goût de mettre une sorte de réserve. Aujourd'hui on ne se gêne pas pour les exprimer comme on les éprouve; il me semble même qu'au lieu de les contenir, on met une certaine co-

quetterie à les étaler; ce qu'autrefois on dissimulait avec discrétion, on cherche plutôt aujourd'hui à
s'en faire honneur : c'est une nuance qu'il importait
de signaler.

Mais la différence va plus loin; tout ne se borne
pas aux apparences. Il faut bien reconnaître, quelque
surprise qu'on éprouve, que les mères n'ont pas toujours aimé leurs enfants de la même façon, que dans
la manière de les traiter, dans les soins qu'on a d'eux,
dans la place qu'on leur fait et l'importance qu'on
leur accorde, il y a, d'une époque à une autre, des
changements sensibles. L'antiquité n'était pas tendre
aux nouveau-nés. « L'enfant, dit Tacite, aussitôt
après sa naissance est remis aux mains d'une misérable esclave grecque, à laquelle on adjoint un ou
deux de ses compagnons de servitude, les plus vils
d'ordinaire, les plus incapables d'aucun emploi
sérieux. » La mère ne s'en occupait presque jamais;
et, comme ils tenaient fort peu de place dans sa vie,
ils n'en avaient guère dans son affection. Cicéron,
dans une de ses lettres, parle d'un pauvre petit enfant
de sa fille qui ne vécut pas. Ses expressions sont
d'une froideur et d'une sécheresse étranges. Il l'appelle à peu près un avorton : *Quod natum est, perimbe-
cillimum est.* L'explication de cette froideur se trouve
dans la phrase suivante des *Tusculanes* : « Quand un
enfant meurt jeune, on s'en console facilement; s'il
meurt au berceau, on ne s'en occupe seulement pas ».
On sait que la coutume et la loi autorisaient le père à
qui sa femme donnait un fils mal conformé, ou qui

simplement ne voulait pas le nourrir, à l'exposer
devant sa porte, où il mourait de froid et de faim,
à moins qu'un passant ne l'emportât chez lui pour en
faire ce qu'il voudrait. Sénèque trouve cet usage très
naturel, et l'empereur Constantin fut le premier qui
s'avisa d'en être choqué et de l'interdire. Assurément, il n'existait rien de pareil dans la société du
XVIIe siècle, et cependant on peut dire qu'au moins
jusqu'à un certain âge les enfants ne comptaient pas
autant qu'aujourd'hui dans la vie de leur mère. Les
plaisirs et les affaires ne laissaient pas le temps de
prendre soin d'eux. Le monde était si agréable et si
exigeant! On avait tant de devoirs à rendre, tant de
visites à faire ou à recevoir! On mettait donc le plus
tôt possible les filles au couvent, afin d'être tranquille,
et, une fois qu'elles y étaient, on essayait de les y
laisser. Quant aux fils, à peine étaient-ils arrivés à
l'âge de raison qu'on leur donnait un gouverneur, et
l'on avait plus de souci de choisir un bon gentilhomme,
dont on se faisait honneur, qu'un homme de mérite,
qui fût propre à l'emploi qu'on lui confiait.

Tout cela s'aperçoit d'une façon assez distincte
dans la correspondance de Mme de Sévigné. Seulement, entre elle et sa fille, on peut saisir à ce sujet
quelques divergences d'opinion, dont elles n'ont
peut-être pas une pleine conscience. La fille cède
tout à fait aux préjugés du temps; la mère souvent y
résiste. Le premier enfant de Mme de Grignan ne fut
pas bien reçu; c'était une fille, et l'on espérait un
garçon. Il y a bien du mécompte et de la tristesse

dans ces quelques mots que la jeune mère écrit, de
son lit, à M. de Grignan, que ses fonctions retenaient
en Provence : « Si ma bonne santé peut vous consoler
de n'avoir qu'une fille, je ne vous demanderai point
pardon de ne vous avoir pas donné de fils. Je suis
hors de tout péril, et ne songe. qu'à vous aller trouver. Ma mère vous dira le reste. » La mère prend la
plume, mais elle parle d'un autre ton. Elle s'est vite
consolée de sa déconvenue, et, dès les premiers mots,
on sent que sa bonne humeur n'est pas altérée.
« Mme de Puisieux dit que, si vous avez envie d'avoir
un fils, vous preniez la peine de le faire : je trouve
ce discours le plus juste et le meilleur du monde. Vous
nous avez laissé une petite fille, nous vous la ren-
dons. » Quelques mois plus tard, Mme de Grignan
étant partie pour rejoindre son mari, l'enfant, qui ne
paraissait pas assez forte pour supporter ce long
voyage, fut laissée à sa grand'mère. Mme de Sévigné
prit sa tâche au sérieux : elle ne s'en déchargea pas
sur d'autres, comme on faisait si souvent autour
d'elle. Il faut lire la lettre amusante où elle raconte à
sa fille, avec une bonne humeur qui avait choqué le
chevalier de Perrin, comment elle a installé chez
elle une nourrice nouvelle, et le plaisir qu'elle trouve
à voir sa petite-fille reprendre sa bonne santé. « Elle
n'avait jamais teté de cette sorte. Sa nourrice avait
peu de lait, celle-ci en a comme une vache. C'est une
bonne paysanne sans façons, de belles dents, des cheveux noirs, un teint hâlé, âgée de vingt-quatre ans.
Son lait a quatre mois, son enfant est beau comme un

ange.... Votre petite devient aimable, on s'y attache. Elle sera dans quinze jours une pataude blanche comme de la neige, qui ne cessera de rire. Voilà, ma bonne, de terribles détails. Vous ne me reconnaissez plus ; me voilà une vraie commère ; je m'en vais régenter dans mon quartier. » Il arriva ce qui arrive d'ordinaire en ces occasions. Comme il est dans l'ordre qu'on s'attache aux enfants par la peine qu'ils coûtent et les soins qu'on a d'eux, Mme de Sévigné se prit d'une très vive affection pour celle qu'elle appelait *ses petites entrailles*. Elle aurait bien voulu l'emmener avec elle aux Rochers, ç'aurait été une charmante compagnie et une fort agréable occupation pour cette solitude. Mais Mme du Puy-du-Fou, une personne sage et d'expérience, ne le conseillait pas. « Elle dit que c'est la hasarder, et là-dessus je rends les armes : je ne voudrais pas mettre en péril sa petite personne ; je l'aime tout à fait. Je lui ai fait couper les cheveux, elle est coiffée hurlubrelu : cette coiffure est faite pour elle. Son teint, sa gorge, tout son petit corps est admirable. Elle fait cent petites choses ; elle parle, elle caresse, elle bat, elle fait le signe de la croix, elle demande pardon, elle fait la révérence, elle baise la main, elle hausse les épaules, elle danse, elle flatte, elle prend le menton ; enfin elle est jolie de tout point. Je m'y amuse des heures entières. Je ne veux point que cela meure. Je vous le disais l'autre jour, je ne sais point comment l'on fait pour ne pas aimer sa fille. » Mme de Grignan l'aimait sans doute, mais pas assez pour l'arracher au sort qui attendait

la plupart des filles dans ces grandes maisons obérées.
La douce et bonne Marie-Blanche fut de bonne heure
éloignée de la maison paternelle : on ne voulait pas
qu'elle prît le goût d'y vivre, elle ne devait pas y
rester. A cinq ans on la mit dans un couvent, et elle
n'en sortit plus. A quinze ans, elle prit le voile, sans
que personne se fût demandé si cette vie austère lui
convenait. Seule, la grand'mère fit entendre de loin
une plainte douce et comme un soupir étouffé : « La
pauvre enfant, qu'elle est heureuse, si elle est contente! Cela est, sans doute, mais vous m'entendez
bien. »

La seconde fille de Mme de Grignan, Pauline,
n'était pas née à Paris, comme Marie-Blanche, et
Mme de Sévigné resta longtemps sans la connaître.
Il semble qu'elle ait fait quelque effort pour ne pas s'y
attacher. « Est-ce qu'on aime cela? » disait-elle; elle
se défendait de cette affection comme d'un larcin
qu'elle aurait fait à sa fille. « Je suis à vous par-dessus
toute chose. Vous savez comme je suis loin de la ra-
doterie qui fait passer vitement l'amour maternelle
aux petits enfants. La mienne est demeurée tout court
au premier étage, et je n'aime ce petit peuple que
pour l'amour de vous. » Mais elle avait beau résister,
sa nature affectueuse était la plus forte. Elle s'en
apercevait avec surprise : « Serait-il bien possible
que je trouvasse encore de la place pour aimer, et de
nouveaux attachements? » Mais en même temps elle
reconnaît avec tristesse que ses sentiments ne sont
pas tout à fait ceux de sa fille. « Il me semble que je

l'aime, lui disait-elle sans détour, et que vous ne l'aimez pas assez. » En effet, on commence à trouver à Pauline des défauts qui ont besoin du couvent pour être redressés, et en même temps des qualités qui paraissent un commencement de vocation religieuse. A cette nouvelle, Mme de Sévigné s'inquiète, puis se fâche ; il faut la garder, dût-on la marier en Béarn, ou ne la marier jamais ; il faut se donner le plaisir de l'élever et de la rendre parfaite. Et elle répète sans cesse cette exhortation, qui nous semble bien étrange, adressée à une mère : « Aimez, aimez Pauline ». C'est qu'alors Mme de Grignan avait un fils, et que, d'après les usages des grandes maisons, tout le reste de la famille devait lui être sacrifié. Mais voici ce qu'il y a de plus extraordinaire. Ce fils dont on est si fier, à qui la Provence a servi de marraine, ce fils qui, dès qu'il a paru, a pris la première place dans l'affection des siens, pour lequel on pense à envoyer Pauline tenir compagnie à Marie-Blanche, dans son couvent d'Aubenas, ce fils, tant qu'il est enfant, on ne s'occupe pas de lui, on le néglige, on l'élève mal ; la mère le laisse à Grignan pendant ses voyages à Paris et passe des années sans le voir ; même quand elle est avec lui, elle l'abandonne aux subalternes, et des amis avertissent Mme de Sévigné « qu'il se gâtait fort avec les valets ». La grand'mère, en envoyant de bons conseils à sa fille, éprouvait le besoin d'ajouter ces paroles significatives : « Vous ne comprenez point encore trop bien l'amour maternel : tant mieux, ma fille, il est violent ».

Peut-être ne faut-il pas être trop sévère pour
Mme de Grignan; elle faisait comme les autres. Les
choses sont bien changées de nos jours : on ne sacrifie
plus aujourd'hui ses enfants les uns aux autres, on se
sacrifie à eux. On ne les laisse plus parmi les valets,
dans les antichambres; ils s'installent, ils règnent au
salon; ils sont devenus les maîtres, et souvent les
tyrans de la famille. Quoiqu'il y ait quelquefois un
peu d'exagération dans cette importance qu'on leur
donne, et dont ils sont tentés d'abuser, il faut avouer
que cet excès est préférable à l'autre, et qu'au moins
en cela notre société vaut mieux que celle de nos
pères.

II

Il est assez vraisemblable que si quelque indiscrétion nous permettait d'ouvrir un de ces gros paquets
de lettres que les chemins de fer emportent tous les
jours dans toutes les directions, nous trouverions à
les lire moins d'agrément que nous ne le supposons,
et que nous serions d'abord frappés de voir combien
le fond en est monotone. La vie ayant pour tout le
monde les mêmes exigences, et roulant dans le même
cercle, il s'ensuit que tous ont à peu près les mêmes
choses à se dire. Qu'on se parle ou qu'on s'écrive,
quatre-vingts fois sur cent on se demande des nouvelles de sa santé ou l'on cause d'affaires : voilà le
sujet ordinaire des lettres, comme des entretiens, et

nous allons voir que Mme de Sévigné, malgré toute
l'originalité de son esprit, ne s'en est pas affranchie
plus qu'une autre.

Comme elle s'est longtemps fort bien portée, dans
les débuts de sa correspondance ce n'est pas pour
sa santé qu'elle est inquiète, mais pour celle des autres. Les causes de préoccupation ne lui manquent
pas ; il semble, à certains moments, qu'un mauvais
vent ait passé sur tous les gens qu'elle aime. Ses lettres sont pleines de tristes nouvelles : c'est le cardinal de Retz qui s'éteint à Commercy ; c'est Mme de
la Fayette qu'une fièvre lente consume, à côté de la
Rochefoucauld cloué, par la goutte, dans son fauteuil ;
c'est Corbinelli qui souffre de maux de tête « à perdre
la raison », et ne se soutient qu'en prenant de l'or
potable. Au delà de ce cercle intime dont Mme de
Sévigné est toujours occupée, il y a les amis moins
familiers, parmi lesquels les maladies font beaucoup
de ravages. A Saint-Germain, à Versailles, où la terre
est sans cesse remuée pour bâtir des palais, con-
struire des terrasses, creuser des bassins, la fièvre
est en permanence. Le roi même et sa famille n'y
échappent pas ; les courtisans sont décimés, et ceux
qui y résistent succombent à la petite vérole, au rhumatisme, à l'apoplexie. Puis vient « la troupe nombreuse des vaporeux », hommes et femmes du monde
fatigués de veilles, usés de plaisirs, malades d'ambitions déçues et d'espérances trompées, souffrant de
leurs mécomptes et du succès des autres, inquiets
sans motif, agités sans but, atteints de ces malaises

vagues, dont les effets sont d'autant plus cruels que les symptômes en paraissent plus légers. Au milieu de toutes ces santés débiles se détache la robuste Allemande qui est venue du Palatinat pour prendre au Palais-Royal la place d'Henriette d'Orléans. Large d'épaules, épaisse de taille, haute en couleur, elle forme un contraste curieux avec toutes ces femmes lymphatiques et frêles qui vivent dans les remèdes. « Quand on lui présenta son médecin, elle dit qu'elle n'en avait que faire, qu'elle n'avait jamais été ni saignée, ni purgée ; que, quand elle se trouvait mal, elle faisait deux lieues à pied et qu'elle était guérie. »

Après s'être inquiétée longtemps pour tous ses amis, Mme de Sévigné fut réduite à s'alarmer pour elle-même. A cinquante ans, sa triomphante santé, comme elle l'appelait, reçut un premier affront. Elle fut atteinte, aux Rochers, d'un violent rhumatisme. Pendant trois mois « elle souffre à crier », mais elle n'est occupée qu'à rassurer sa fille. Dans chacune de ses lettres, qu'elle dicte à son fils ou à ses amis, elle indique une amélioration sensible et promet une guérison prochaine ; mais la guérison recule toujours ; et, quand elle a épuisé tous les remèdes, elle se résigne à partir pour Vichy et à prendre les eaux.

On pourrait, avec les lettres qu'elle a écrites de Vichy et de Bourbon, faire un tableau intéressant de la vie qu'on menait dans les villes d'eaux à cette époque. Elle n'était pas brillante et agréable comme aujourd'hui. On n'avait pas l'habitude alors d'y aller par plaisir. « Quand on ne boit point, disait Mme de

Sévigné, on s'ennuie. » La grande affaire de tout le monde était donc de se soigner. Le matin on prend les eaux. « On va à six heures à la fontaine ; tout le monde s'y trouve, on boit et l'on fait une fort vilaine mine ; car imaginez-vous qu'elles sont bouillantes et d'un goût de salpêtre fort désagréable. On tourne, on va, on vient, on se promène, on entend la messe, on rend les eaux, on parle confidemment de la manière qu'on les rend : il n'est question que de cela jusqu'à midi. » Puis vient la douche, qui est une bien plus terrible affaire. « J'ai commencé aujourd'hui la douche : c'est une assez bonne répétition du purgatoire. On est toute nue dans un petit lieu sous terre, où l'on trouve un tuyau de cette eau chaude qu'une femme vous fait aller où vous voulez.... On met d'abord l'alarme partout, pour mettre en mouvement tous les esprits, et puis on s'attache aux jointures qui ont été affligées ; mais quand on vient à la nuque du cou, c'est une sorte de feu et de surprise qui ne se peut comprendre. Cependant c'est là le nœud de l'affaire. Il faut tout souffrir, et l'on souffre tout, et l'on n'est point brûlée, et on se met ensuite dans un lit chaud, où l'on sue abondamment, et voilà qui guérit. » Dans l'intervalle, on se visite, on se réunit. Mme de Sévigné avait des relations si étendues qu'il était difficile qu'elle ne rencontrât pas à Vichy et à Bourbon des gens de sa connaissance qu'elle eût plaisir à voir et à entretenir. Il s'y trouvait aussi, dans le nombre, quelques personnes ridicules, dont on s'égayait à l'occasion, ce qui aide à passer le

temps. « Je n'eusse jamais cru voir à Vichy, dit
Mme de Sévigné, les chiens de visage qu'on y voit. »
C'était Mme de Péquigny, la *Sibylle Cumée,* « qui
cherchait à se guérir de soixante-seize ans, dont elle
était fort incommodée »; c'était une Mme de la Ba-
rois, « toute bredouillante d'une apoplexie »; la pauvre
femme, après vingt ans de veuvage, s'était amoura-
chée d'un jeune homme qui la trompait, et lui avait
donné tout son bien. « C'est un grand bonheur,
avait dit Mme de Sévigné dans une circonstance
semblable, de n'être point sujette à se coiffer de ces
oisons-là; il vaut mieux les envoyer paître que de les
y mener. » Il y avait aussi la duchesse de Brissac,
une fort jolie femme et très coquette, dont c'était la
folie d'être partout entourée et courtisée. Vichy ne
lui offrait pas un aussi grand choix d'adorateurs que
Paris ou Versailles, mais la nécessité la rendait moins
difficile. Elle se contentait, faute de mieux, de con-
quêtes assez médiocres; au besoin, des abbés et même
des moines lui suffisaient. « Il faut voir, écrivait Mme de
Sévigné, comme on tire sur tout, sans distinction et
sans choix. J'ai vu l'autre jour, de mes propres yeux,
flamber un pauvre célestin. » Au plaisir de causer
avec ses amis et de se moquer du prochain, on peut
joindre quelques promenades dans les environs,
quand on se sent vigoureux, et le spectacle des bour-
rées que les jeunes filles du pays viennent danser le
soir, au son du violon et du tambour de basque,
« avec des *dégognades* où les curés trouvent un peu
à redire ». Voilà quelles sont à peu près les distrac-

tions qu'offrent les villes d'eaux à ceux qui, pour se guérir de leurs maux, ne veulent pas s'exposer à périr d'ennui.

Personne ne sera surpris que Mme de Sévigné, qui déclarait qu'elle se moquait extrêmement des médecins quand elle se portait bien, parle d'un autre ton dès qu'elle voit sa fille malade et qu'elle-même est atteinte de son rhumatisme. Ces changements sont dans la nature. Dès lors, sa correspondance est pleine de conseils qu'elle donne ou qu'elle reçoit, de raisonnements sur les maladies, de consultations médicales. A tout propos on épilogue, on disserte, on discute; la mère et la fille ne sont pas toujours de la même opinion. Mme de Grignan aime le chocolat; Mme de Sévigné s'en méfie, et elle cite des exemples effrayants des ravages qu'il a commis : « La marquise de Coëtlogon prit tant de chocolat, étant grosse l'année passée, qu'elle accoucha d'un petit garçon noir comme un diable, qui mourut. » Le café soulève encore plus de disputes. Les médecins ne sont pas d'accord sur les effets qu'il produit. « Du Chesne le hait, le frère Ange n'en dit point de mal; il engraisse l'un, il emmaigrit l'autre. » Que faire en cette perplexité ? On essaye de le rendre inoffensif en y mêlant de la crème ou en le sucrant avec du miel; et puis, comme on le trouve toujours pernicieux, on prend un grand parti, on le chasse honteusement de chez soi. Le thé, qui fait son apparition dans le monde, est mieux accueilli. « La princesse en prend douze tasses tous les jours. Cela, dit-elle, la guérit de tous ses

maux. Elle m'assura que M. le landgrave en prenait
quarante tasses tous les matins. — Mais, madame, ce
n'est peut-être que trente? — Non, c'est quarante; il
était mourant, cela le ressuscite à vue d'œil. » Au
moindre malaise de sa fille, l'imagination de Mme de
Sévigné se met en campagne. Aussitôt elle va trouver
tous les médecins qu'elle connaît, et, après les médecins, les charlatans et les empiriques. A ce moment,
ils pullulent. Tout le monde, même les femmes, se
mêle d'avoir des secrets merveilleux pour venir à
bout des maladies les plus opiniâtres. Mme Fouquet
applique à la reine mourante un emplâtre qui la guérit, au grand scandale de la Faculté, qui n'avait pu la
sauver; la princesse de Tarente distribue ses drogues
à tous les gens de Vitré. « Elle est le meilleur médecin du monde, elle a des compositions rares et
précieuses, dont elle nous a donné trois prises qui
ont fait un effet prodigieux. » Rien n'est amusant
comme d'entendre Mme de Sévigné quand elle vient
de causer avec Fagon ou avec Du Chesne. Elle est
pleine de son sujet, elle parle doctement, avec les
termes propres, comme un médecin de Molière : « Il
me dit que vous ne vous laissassiez pas mourir d'ina-
nition. Quand la digestion est trop longue, il faut
manger; cela consomme un reste qui ne fait que se
pourrir et fumer, si vous ne le réchauffez pas par des
aliments. » Surtout elle sollicite sa fille de se soigner,
et elle lui en donne l'exemple. Elle lui annonce qu'elle
a pris médecine pour lui plaire, et ajoute, d'un ton
suppliant : « Faites aussi quelque chose pour moi ».

Par tous les ordinaires elle lui envoie des remèdes nouveaux. Quelques-uns sont assez bénins, comme la petite eau de cerises, « à laquelle la France doit la conservation de M. Colbert »; ou la tisane de pervenche, qui a donné une seconde jeunesse à Mme de Grignan. « Quand vous revîntes si belle, on disait : Mais sur quelle herbe a-t-elle marché? Je répondais : Sur de la pervenche. » D'autres ont un aspect plus terrible; c'est le bouillon de vipères, l'essence d'urine, la poudre d'yeux d'écrevisses. Mais voici qui devient tout à fait extraordinaire : les capucins, qui se mêlaient aussi de guérir, soignent la jambe de Mme de Sévigné avec des herbes qu'on retire deux fois par jour toutes mouillées. On les enterre ensuite, et, à mesure qu'elles pourrissent, l'endroit où on les avait appliquées sue et s'amollit. Mme de Sévigné ne doute pas de l'efficacité du remède. « C'est dommage, écrit-elle à sa fille, que vous n'alliez conter cela à des chirurgiens; ils pâmeraient de rire; mais moi je me moque d'eux. » Je trouve mieux encore dans la correspondance de Bussy. « Il y a ici un abbé, lui mande Mme de Scudéry, qui fait grand bruit et qui guérit par les sympathies. On dit qu'il prend, pour toutes les fièvres, de l'urine des malades dans laquelle il fait noircir un œuf cassé, et il le donne à manger à un chien. Il prétend que le chien meurt et que le malade guérit. » Et elle ajoute avec une entière confiance : « On dit qu'il guérit force gens ». Certes, je ne voudrais pas prétendre que nous en sommes venus à ne plus croire aux charlatans, et que les recettes étranges

ne trouvent plus chez nous aucun crédit; il me semble
pourtant qu'aujourd'hui des femmes d'esprit et de
sens, comme Mme de Scudéry et Mme de Sévigné, se
méfieraient un peu plus qu'elles des herbes des capucins et de l'abbé qui guérit par les sympathies.

III

Avec la santé, ce qui occupe le plus de place dans
les lettres de Mme de Sévigné, ce sont les affaires.
Il y est partout question des embarras d'argent dans
lesquels on se trouve et des moyens qu'on cherche
pour en sortir. L'aristocratie française, qui n'avait
jamais été très ménagère, achevait alors de se ruiner.
« On n'a plus le sou, disait Mme de Sévigné, on ne
trouve rien à emprunter. » C'était la situation commune. Les grands seigneurs, attirés à la cour par le
roi, y trouvaient l'occasion de faire d'énormes dépenses. Le pire, c'est qu'ils y prenaient des habitudes
de luxe qu'ils transportaient chez eux et communi-
quaient à toute la noblesse inférieure. Du haut en
bas de l'échelle, depuis Versailles jusqu'au plus hum-
ble château, c'était, chez tous les gentilshommes, un
effort pour éclipser leurs égaux et rivaliser avec
leurs supérieurs, auquel ne pouvaient résister des
fortunes depuis longtemps compromises.

Pour se soutenir, on n'avait qu'une ressource : on
comptait uniquement sur les largesses du roi. Sans
elles, toute cette noblesse, qui n'avait plus rien, se

serait trouvée réduite « à manger le pain de feuille et de fougère ». Aussi le rêve de tout ce monde affamé était-il d'attraper un gouvernement, une charge de cour, ou tout au moins une pension ou une gratification quelconque. On se les disputait avec acharnement; on les sollicitait sans vergogne. Bussy écrivait à Mme de Sévigné, à propos du roi : « Je lui embrasserai encore les genoux, et si souvent, que j'irai peut-être enfin jusqu'à sa bourse ». Sa fille, un peu honteuse, avait effacé la fin de la phrase, et mis : « J'irai jusqu'à son cœur ». Mais Bussy n'était pas si timide, il avait le courage de sa mendicité.

Ces sollicitations, ces empressements, ces bassesses réussissaient quelquefois. Il y eut des favorisés qui firent à ce métier des fortunes immenses. Ce qu'y gagnèrent les ministres, les maîtresses et leurs créatures, les complaisants, les amis, ou, comme parle Saint-Simon, les valets intérieurs, est incalculable. Rappelons-nous de quelle manière Coulanges parle à sa cousine des immenses domaines que Mme de Louvois, qui l'héberge en ce moment, possède dans la basse Bourgogne. « Nous allons, quand le beau temps nous y invite, faire des voyages de long cours, pour connaître la grandeur de nos États; et quand la curiosité nous porte à demander le nom de ce premier village : A qui est-il? on nous répond : C'est à Madame. — A qui est celui qui est le plus éloigné? — C'est à Madame. — Mais là-bas, là-bas, un autre que je vois? — C'est à Madame. —

Et ces forêts? — Elles sont à Madame. — Voilà une plaine d'une grande longueur. — Elle est à Madame. — Mais j'aperçois un beau château. — C'est Nicei, qui est à Madame, une terre considérable, qui appartenait aux anciens comtes de ce nom. — Quel est cet autre château, sur un haut? — C'est Pacy, qui est à Madame, et lui est venu par la maison de Mandelot, dont était sa bisaïeule. En un mot, madame, tout est à *Madame* en ce pays; je n'ai jamais vu tant de possessions, ni un tel arrondissement. » Mais c'était l'exception; les autres attendaient longtemps et demandaient beaucoup pour être médiocrement payés de leur assiduité et de leurs services. Ils ne se décourageaient pas pourtant; ils continuaient à parcourir les grands appartements de Versailles et à se mettre sur le chemin du roi pour se rappeler à son souvenir; comme ils n'avaient pas d'autre moyen d'arranger leurs affaires, ils voulaient vivre toujours dans le rayon de cette munificence royale dont ils attendaient leur salut. A chaque libéralité nouvelle que le roi faisait à ses favoris, ils reprenaient courage et se disaient, avec Mme de Sévigné : « Il ne faut pas se désespérer; quoiqu'on ne soit pas son valet de chambre, il peut arriver qu'en faisant sa cour on se trouvera sous ce qu'il jette ».

Mme de Sévigné, elle, était riche. Elle comptait un jour à sa fille qu'elle avait eu pour 530 000 livres de biens, ce qui vaudrait un peu plus de 2 millions de nos jours. Cette belle fortune n'aurait guère résisté aux folies de M. de Sévigné, s'il avait vécu plus longtemps. L'argent fuyait vite entre les mains de ce mari libertin et prodigue. Lorsqu'il mourut, après six ans de mariage, la pauvre veuve était à moitié ruinée. Heureusement elle avait, pour sortir de ses embarras, l'habileté et le dévouement de son oncle, l'abbé de Coulanges, qui avait été son tuteur et qui resta son intendant.

C'est une amusante figure que celle du « Bien Bon », comme l'appelait sa nièce. Quoiqu'il ne dît pas souvent la messe, et qu'il s'accuse avec humilité, dans son testament, « d'avoir déshonoré et profané la sainteté de son état par une vie trop détournée des emplois auxquels elle devait être uniquement consacrée », c'était un homme pieux, de mœurs régulières, tout à fait croyant et dévot, et « qui pleurait abondamment toutes les fois qu'il recevait Notre-Seigneur ». Il est certain que la profession qu'on lui avait donnée lui convenait médiocrement : sa famille en fit un prêtre ; la nature en avait fait plutôt un homme d'affaires. Tenir ses comptes en règle, ce que beaucoup regardent comme un devoir quelque peu austère, était pour lui un divertissement et un plaisir. Sa plus grande récréation consistait à manier ces jetons « si justes et si bons », qui lui servaient à calculer. Pour l'ordre et l'économie, il n'avait pas son pareil ; il rendait toutes sortes de service dans la maison : il faisait les baux, sollicitait les procès, surveillait les fermiers, réglait les comptes. Quand il traitait avec les fournisseurs, il obtenait toujours des conditions meilleures que tout le monde, ce qui naturellement le rendait très glorieux. C'est lui qui trouva un jour pour Mme de Grignan cet appartement, avec des chambres très raisonnables, une remise pour un carrosse et une écurie pour six chevaux, le tout à 500 livres par an. Une autre fois, Charles de Sévigné s'étant mêlé de faire le marché du bateau qui devait emmener sa mère à Nantes, l'abbé n'eut qu'un mot à dire pour l'avoir à une pistole de moins que son neveu. Avec tant de bonnes qualités, il avait quelques petits travers, et Mme de Sévigné, qui les voyait bien, malgré son affection, les dépeignait fort plaisamment. D'abord il prenait quelquefois de l'humeur, mais c'était surtout contre les gens qui raisonnaient faux et calculaient mal : « Quand l'arithmétique est offensée et que la règle de *deux et deux font quatre* est blessée en quelque chose, le bon abbé est hors de lui. » Ce n'était pas un esprit très fin. Sa nièce, qui voyageait tête à tête avec lui pour aller aux Rochers, sentant bien qu'il ne fallait pas trop compter sur les charmes de sa conversation, s'était munie d'un bon livre, la *Vie du cardinal Commendon*, traduite par Fléchier. « Je me trouve fort bien, disait-elle à sa fille, d'être une substance qui pense et qui lit ; sans cela notre bon abbé m'amuserait peu : vous savez qu'il est occupé des *beaux yeux de sa cassette*. Mais, pendant qu'il la regarde et la visite de tous les côtés, le cardinal Commendon me tient une très bonne compagnie. » Il aimait la bonne chère et restait volontiers à table ; il prenait le prétexte de boire à la santé de Mme de Grignan, et,

quand le vin était bon, il s'étendait beaucoup sur ses
louanges. En traversant la Bourgogne, pour accom-
pagner sa nièce à Vichy, il fut si bien traité dans le
château des bons Guitaut et on lui donna de si excel-
lents et de si longs repas que Mme de Sévigné lui fit
prendre les eaux « pour vider son sac, qu'il avait trop
rempli à Époisses ». Mais ces plaisanteries n'empêchaient pas qu'elle ne lui rendît toute la justice qu'elle
lui devait. A sa mort, elle écrivait à Bussy, qui ne
l'aimait pas : « Il n'y a point de bien qu'il ne m'ait
fait. Il m'a tiré de l'abîme où j'étais à la mort de
M. de Sévigné. Il a gagné des procès, il a remis mes
terres en bon état, il a payé mes dettes, il a marié
mes enfants : en un mot, c'est à ses soins continuels
que je dois la paix et le repos de ma vie. » Et, revenant, deux mois plus tard, sur le même sujet, elle
faisait de nouveau son éloge à Bussy, et l'achevait en
ces termes : « Il a vécu avec honneur, il est mort
chrétiennement : Dieu nous fasse la même grâce! »

Du reste, la nièce de l'abbé de Coulanges était
bien digne de lui. Le goût qu'elle avait pour les
plaisirs de l'esprit ne lui ôtait pas le sens des affaires.
Elle y portait, comme en tout, une certaine finesse
dont elle était fière. Nous la voyons se réjouir un jour
d'avoir trouvé, dans un cas embarrassant, un expé-
dient habile dont le « Bien Bon » ne s'était pas avisé.
Racine, écrivant à un de ses fils qui tranchait du
gentilhomme et jetait l'argent sans compter, lui disait,
avec une bonhomie qui nous charme : « Nous autres,
bonnes gens de famille, nous allons plus simple-

ment, et nous croyons que bien savoir son compte
n'est pas au-dessous d'un honnête homme ». De ce
côté, Mme de Sévigné était bourgeoise, et l'on montre, au château des Rochers, le livre où elle notait en
détail toutes les dépenses de sa maison. Je ne sais si
elle aurait pu, en un besoin, faire elle-même la cuisine,
mais elle était capable de surveiller ceux qui la faisaient, et elle analyse leurs mérites avec une précision qui montre une personne entendue. Sa fille
l'ayant chargée d'arrêter un cuisinier pour Grignan,
elle lui répond : « Nous avons dîné, le chevalier,
l'abbé, Corbinelli et moi, et nous avons un peu essayé
le cuisinier. La fricassée était bonne, la tourte excellente ; nous avons donné un petit avis sur la croûte ;
la friture est blonde. Vraiment, je crois que cet
homme est votre fait. » C'est plaisir de voir cette
femme d'un monde si distingué si propre aux choses
du ménage.

On peut affirmer qu'elle n'aurait jamais compromis
sa belle fortune : ses enfants s'en chargèrent. Il lui
fallut acheter pour son fils une charge de guidon, puis
de sous-lieutenant, dans les gendarmes du Dauphin,
ce qui lui coûta très cher. De plus, à chaque nouvelle
campagne, elle avait à l'équiper de nouveau. Il paraît
qu'à certains moments la dépense lui semblait un peu
forte, puisque Charles de Sévigné eut recours, pour
attendrir sa mère, à l'intervention de Mme de la
Fayette. A ce propos, celle-ci écrivit la lettre suivante, que Mme de Sévigné dut trouver un peu
sèchette : « Votre fils sort d'ici. Il m'est venu dire

adieu et me prier de vous écrire ses raisons sur l'argent. Elles sont si bonnes que je n'ai pas besoin de vous les expliquer tout au long, car vous voyez d'où vous êtes la dépense d'une campagne qui ne finit point. Tout le monde est au désespoir et se ruine ; il est impossible que votre fils ne fasse pas un peu comme les autres ; et de plus, la grande amitié que vous avez pour Mme de Grignan fait qu'il en faut témoigner à son frère. » Ce n'était pas seulement la guerre qui ruinait Charles de Sévigné, il eut aussi quelques moments de folie ; la Champmeslé, Ninon de Lenclos, ses bonnes et ses mauvaises fortunes dans le monde, n'allaient pas sans dépense. Une fois qu'il était pressé d'argent et qu'il n'osait pas avoir recours à sa mère, il vendit les bois du château du Buron, qui lui appartenait. Mme de Sévigné en fut très fâchée quand elle l'apprit, et sa mauvaise humeur amène, sous sa plume, tout un débordement de mythologie. « Je fus hier au Buron, écrit-elle à sa fille ; j'en revins le soir. Je pensai pleurer en voyant la dégradation de cette terre. Il y avait les plus vieux bois du monde ; mon fils, dans son dernier voyage, lui a donné les derniers coups de cognée. Il en a rapporté quatre cents pistoles dont il n'eut pas un sou un mois après…. Ma bonne, il faut que vous essuyez tout ceci. Toutes ces Dryades affligées, que je vis hier, tous ces vieux Silvains, qui ne savent plus où se retirer, tous ces anciens corbeaux établis depuis deux cents ans dans l'horreur de ces bois, ces chouettes qui, dans cette obscurité, annonçaient par leurs funestes cris les malheurs de tous les hommes, tout cela me fit hier des plaintes qui me touchèrent sensiblement le cœur. »

Mais ce fut sa fille qui lui coûta le plus cher. Le grand seigneur à qui elle l'avait mariée était lieutenant général en Provence, et y tenait la place du gouverneur, le duc de Vendôme, qui n'y venait jamais. Comme il avait le cœur haut, qu'il aimait à représenter, et dépensait sans calculer, sa grande situation lui coûtait plus qu'elle ne lui rapportait. Sa fortune était déjà fort entamée quand il épousa en troisièmes noces Mlle de Sévigné, et, par malheur, sa femme n'était pas d'un caractère à la rétablir. Plus glorieuse encore que son mari, et plus entichée de son rang, elle ne fit que précipiter sa ruine.

Il est facile, quand on visite ce qui reste du château de Grignan, de se faire une idée de la grande vie qu'on menait dans ces somptueuses demeures et des dépenses de toute espèce qui en étaient la suite inévitable. Grignan est bâti sur une éminence qui se dresse au milieu d'une vaste plaine. Le rocher a été taillé, maçonné, entouré de murs, pour former une sorte de substruction inaccessible sur laquelle s'élève le château. Le long des flancs escarpés serpentent des rues étroites, que bordent les maisons d'un misérable village qui semble s'être accroché là pour vivre en repos sous une protection puissante. L'entrée du château est défendue par une fortification massive, percée de meurtrières, flanquée de deux tours crénelées. Une fois que la porte s'est ouverte et qu'on a pénétré dans l'intérieur, l'aspect change : la forteresse devient un palais. Par malheur, ce palais est aujourd'hui presque entièrement à terre, il n'en reste que des pans de murs et quelques débris de salles ; mais ces débris ont un caractère de grandeur et d'élégance rares. Les murailles sont percées de larges fenêtres encadrées de colonnettes délicates qui rappellent la Renaissance. A l'intérieur on voit des attaches de voûtes, des frises finement sculptées, des fragments de cheminées monumentales. L'importance des décombres nous donne l'idée de l'étendue des bâtisses. Quand on essaye de les relever par la pensée et de se figurer le château tel qu'il devait être, il est impossible qu'on ne soit pas frappé du large développement des façades et du grand nombre de salles et de chambres qu'il contenait. Tout autour, une terrasse dallée permet de jouir d'un des plus beaux spectacles qu'on puisse voir : c'est une plaine riche, semée de villages, de maisons de plaisance, de châteaux, qui est fermée de tous côtés par de hautes montagnes, la Lance, la chaîne dentelée des Alpines, et le Ventoux neigeux à l'horizon.

Tout, dans cette splendide demeure, était fait pour nourrir l'orgueil du maître et lui donner une grande idée de lui-même. Tout semblait lui faire un devoir de soutenir son rang et de n'être pas au-dessous de la magnificence de ses aïeux. Il fallait, pour peupler ces grandes salles et animer cet immense château, que la compagnie y fût toujours nombreuse et brillante. Les maîtres et leur famille, avec leurs parents

et leurs amis les plus intimes, les officiers, les gentilshommes, les pages attachés à la personne du gouverneur, formaient déjà une société considérable,
c'étaient quatre-vingts ou cent personnes établies à
demeure, et qui ne quittaient pas le château. Joignez-
y les invités qui viennent de toute la province ou
des provinces voisines, et qui reçoivent une hos-
pitalité fastueuse. Les amis ou les simples connaissances sont logés dans le château avec leurs
gens et leurs équipages. C'est « une auberge » qui
ne désemplit jamais. Il faut dresser trois tables dans
la grande galerie, et elles sont toujours pleines :
voilà ce que Mme de Sévigné appelle « la cruelle
et continuelle chère de Grignan », à laquelle aucune
fortune ne pourrait résister. Après avoir nourri
cette foule, il faut l'amuser ; on lui offre toute sorte
de distractions, même l'opéra, et l'on met un certain
orgueil à faire entendre les airs les plus récents
de Lulli. Surtout on leur donne à jouer : le jeu fut
un des fléaux de cette société de grands seigneurs
désœuvrés. L'exemple en venait de haut ; à Versailles on jouait beaucoup, et, si quelques habiles,
comme Dangeau ou Langlée, durent au jeu des fortunes considérables, le plus grand nombre s'y ruinait. Mme de Montespan perdit quatre cent mille
pistoles en une nuit à la bassette, et Monsieur, qui
devait cent cinquante mille écus, fut obligé de mettre
sa vaisselle d'or en gage. De Versailles, cette manie
gagna Paris et la province. On jouait gros jeu à
Grignan, et les maîtres de la maison, étant tenus de

faire mieux que les autres, achevèrent ainsi de dissiper leur fortune.

Mme de Sévigné, au sujet de cette magnificence ruineuse, était partagée entre des sentiments contraires. Elle ne pouvait tout à fait se défendre d'une sorte d'orgueil maternel quand on lui racontait l'éclat des réceptions de Grignan. Il lui plaisait de se figurer la belle comtesse trônant, comme une reine de Provence, « dans son château d'Apolidon ». Mais le bon sens reprenait vite le dessus. Elle prévoyait avec terreur les désastres que devaient amener ces folles dépenses. A sa fille, qui diminue, pour la calmer, le chiffre des pertes qu'elle a faites au jeu, elle répond avec beaucoup de sagesse que « les petites pluies gâtent bien les chemins »; à son gendre, toujours préoccupé de paraître, et qui voudrait transporter à Paris quelque chose de la pompe de Grignan, elle écrit que six laquais suffiront pour sa femme et pour lui, avec six chevaux pour les équipages, et un seul valet de chambre. Surtout, il ne faut point amener de pages : « C'est une marchandise de province qui n'est point bonne ici ». Quand elle se voit peu écoutée, et que les dépenses vont leur train, elle finit par éclater. D'abord c'est son gendre qu'elle accuse : « La rage de M. de Grignan pour emprunter, et pour des tableaux et pour des meubles, est une chose qui serait entièrement incroyable si on ne la voyait. Comment cela se peut-il accorder avec sa naissance, sa gloire et l'amitié qu'il vous doit? Croit-il ne point abuser de votre patience et qu'elle soit intarissable? N'a-t-il point pitié de vous? Et il pense que nous croirons qu'il vous aime? Ah! la plaisante amitié! » Puis, elle se fâche contre tous les deux : « Il n'y a plus de bornes; deux dissipateurs ensemble, l'un voulant tout, l'autre l'approuvant, c'est pour abîmer le monde. Et n'était-ce pas le monde, que la grandeur et la puissance de cette maison? Je n'ai point de parole pour vous dire ce que je pense, mon cœur est trop plein. Mais qu'allez-vous faire? Je ne le comprends point du tout; sur quoi fonder le présent et l'avenir? Que fait-on, quand on est à un certain point?... Enfin, cela fait mourir, d'autant plus qu'il n'y a point de remèdes. »

A mesure qu'on avance dans la lecture de cette correspondance, on sent que les temps deviennent plus sombres pour tout le monde. Les guerres ne finissent pas, et elles sont moins heureuses; l'argent se fait plus rare, la misère publique augmente, toute cette grande noblesse est aux abois. Bussy, qui se vantait, au commencement de son exil, d'avoir payé cent mille écus de dettes, ne peut plus suffire à ses dépenses, et ses créanciers, qu'il ne paye pas, saisissent ses revenus. Quand Mme de la Roche lui fait un tableau de la détresse générale à Paris, il répond avec une amertume cruelle : « Je trouve les choses bien mieux réglées qu'elles n'étaient il y a dix ans, madame; il y avait mille et mille gens qui faisaient aussi bonne chère que le Roi, et qui avaient autant de plaisir que lui. Aujourd'hui tout cela est réservé pour la bouche du maître. Personne n'a d'argent ni de bons morceaux; chacun est réduit à sa pièce de bœuf et à sa femme : cela n'est-il pas juste ? »

Il y avait longtemps alors que M. de Grignan ne vivait plus que d'expédients. Les emprunts se greffaient les uns sur les autres, à des taux de plus en plus onéreux. Les créanciers se fâchaient et faisaient de terribles esclandres. Il y eut même une marchande de Paris, Mme Rénié, qui eut le courage de faire cent cinquante lieues pour réclamer sa dette, et tomba tout d'un coup à Grignan comme une furie. Ces incidents pénibles n'empêchaient pas que tout ne continuât comme à l'ordinaire : on menait joyeuse vie, on hébergeait toute la Provence, on équipait des compagnies pour le fils de la maison qui partait en guerre. C'est toujours pour nous un sujet de grande surprise de voir des gens entièrement ruinés qui trouvent moyen de se soutenir, pendant plusieurs années, dans le vide, et qui sans fortune, presque sans crédit, on ne sait de quelle manière, persistent à vivre largement et à faire figure dans le monde. Mme de Sévigné en fait la remarque à propos de ce qu'elle appelle la gueuserie des courtisans : « Ils n'ont jamais un sou et font tous les voyages, toutes les campagnes, suivent toutes les modes, sont de tous les bals, de toutes les courses de bagues, de toutes les loteries, et vont toujours, quoiqu'ils soient abîmés. » Mais, dans ces situations délicates, il suffit du plus petit événement pour que la ruine se découvre et devienne irréparable. « C'est

une machine à quoi il ne faut pas toucher, de peur
que tout se renverse. » Ce qui renversa tout, chez
M. de Grignan, ce fut la banqueroute du trésorier de Provence. Comme ce trésorier avait intérêt à
se mettre bien avec le lieutenant général, il lui avait
avancé jusqu'à trois années des revenus de sa charge.
Il fallut tout rembourser à la fois, et le malheureux
M. de Grignan, pressé par les créanciers et ne
trouvant plus aucun crédit, fut obligé de faire au ministre, M. de Pontchartrain, l'aveu de sa détresse,
dans une lettre qui se terminait par ces mots : « Je
demeure sans aucune subsistance ».

IV

Que faisait la pauvre mère pour soulager cette
détresse? Après avoir donné d'avance beaucoup de
conseils inutiles, elle ne se contentait pas, dans ces
cas pressants, d'adresser quelques consolations
banales : elle venait au secours de sa fille autant que
sa fortune le lui permettait; et, pour que le secours
pût être plus abondant, elle quittait Paris, malgré
les attaches qu'elle y avait et les amis qui voulaient
la retenir, et elle allait courageusement faire des
économies dans ses terres.

Les raisons qui attiraient alors les grands seigneurs dans leurs châteaux n'étaient pas les mêmes
qui, de nos jours, à des époques déterminées, font
quitter Paris aux gens riches. Nous avons pris l'ha-

bitude de faire deux parts de l'année : on passe l'hiver à la ville et l'été aux champs. C'est une façon d'introduire un peu plus de variété dans notre vie ; elle serait trop monotone, si on restait toujours dans le même endroit. On va se reposer à la campagne des fatigues du monde, y jouir d'un air plus pur, y trouver d'autres spectacles et d'autres plaisirs. Mais alors ces déplacements réguliers n'étaient guère possibles à cause de la difficulté des voyages. Ceux-là seuls qui possédaient quelque propriété voisine de Paris pouvaient se les permettre. Mme de Sévigné avait cette bonne fortune assez rare. Grâce à son oncle, le « Bien Bon », qui était abbé de Livry, elle disposait d'un lieu de repos et de retraite, où elle se rendait en quelques heures. Tout lui plaisait à Livry : la beauté des jours, la fraîcheur des nuits, l'air sain et pur, « qui lui faisait autant de bien que du lait », le bruit des oiseaux, qui la délassait des vilains cris des rues de Paris, l'agrément des jardins, embaumés de chèvrefeuilles, et la vue du « petit pays doux » qui les encadre. Partout ailleurs la pluie l'importune. « Il pleut sans cesse, écrit-elle de Bourgogne ; j'en suis en colère. » A Livry, il ne peut rien y avoir de désagréable, et les pluies même y sont charmantes. Aussi est-elle heureuse toutes les fois qu'elle y peut aller. Elle y mène sa fille et ses amis les plus chers, pour jouir d'eux sans partage ; mais il ne lui déplaît pas non plus de s'y trouver seule. Elle y va dans toutes les saisons : pendant la semaine sainte, pour s'y recueillir et se préparer à faire ses dévotions ; au printemps et à l'été, pour y jouir des beaux jours. C'est le remède à tous ses ennuis, à toutes ses tristesses : « Quand je suis fâchée, dit-elle, il me faut Livry ». Rien ne lui était plus aisé que de s'y rendre; Livry est à quelques lieues à peine de Paris, et elle pouvait y demeurer seulement quelques jours; mais lorsqu'il s'agissait d'aller dans ses terres de Bourgogne ou de Bretagne, c'était une excursion longue, coûteuse, pénible, qu'on ne pouvait pas entreprendre tous les ans, et pour quelques semaines. Il fallait, pour s'y décider, d'autres motifs que le désir de changer de place; et, comme on ne voulait pas s'exposer à recommencer souvent le voyage, une fois qu'on était parti, on restait longtemps sans revenir.

Mme de Sévigné ne faisait donc pas les cent lieues qui la séparaient des Rochers tout à fait par agré-ment : elle aurait trouvé sans doute que c'était payer le plaisir un peu cher. Elle y allait par devoir, pour surveiller de plus près ses domaines, conclure quelque affaire, et surtout réparer les brèches que la vie de Paris faisait à sa fortune. « Je ne sais comment vous vous trouvez de vos terres, écrivait-elle un jour à Bussy. Pour moi, mon cousin, ma terre de Bourbilly est quasi devenue à rien par le rabais et par le peu de débit des blés et autres grains. Il n'y a que d'y vivre qui pût nous tirer de la misère. » Et Bussy répondait : « Faites-vous exiler, madame; la chose n'est pas si difficile qu'on pense; et vous userez vos denrées à Bourbilly. » Elle s'exilait elle-même; sans attendre un ordre du roi, quand il en était besoin, elle partait courageusement pour quelque terre éloignée, et y restait quelquefois une année entière, à manger ses revenus sur place et faire rentrer l'argent qu'on lui devait. Elle y était souvent trompée, comme nous le voyons par l'anecdote suivante qu'elle raconte à sa fille : « Ce matin, il est entré un paysan avec des sacs de tous les côtés ; il en avait sous les bras, dans ses poches, dans ses chausses. Le bon abbé, qui va droit au fait, crut que nous étions riches à jamais : — Hélas ! mon ami, vous voilà bien chargé. Combien apportez-vous ? — Monsieur, dit-il en respirant à peine ; je crois qu'il y a bien trente francs. — C'étaient, ma bonne, tous les doubles de France [1], qui se sont réfugiés dans cette province, avec les chapeaux pointus, et qui abusent ici de notre patience. » Cependant, avec son habileté ordinaire, elle finissait par tout arranger, augmentait le bail de ses fermes, réglait ses comptes avec ses débiteurs, et rentrait à Paris plus riche qu'elle n'en était partie. Tout le monde admirait sa sage conduite, car, selon le mot de son ami Lenet :

> Ce sont raisons fort pertinentes
> D'être aux champs pour doubler ses rentes.

Aujourd'hui on va de Paris à Vitré en sept heures ; Mme de Sévigné mettait huit ou neuf jours, et quelquefois plus, quand elle s'arrêtait en route, dans

---

1. Petite monnaie de cuivre, valant deux deniers.

quelque demeure amie. On faisait au plus dix lieues
par journée. L'équipage était digne du rang de
Mme la marquise. « Je vais à deux calèches, dit-elle
à sa fille. J'ai sept chevaux de carrosse, un cheval
de bât qui porte mon lit, et trois ou quatre hommes
à cheval. Je serai dans ma calèche, tirée par mes
deux beaux chevaux ; l'abbé sera quelquefois avec
moi. Dans l'autre, mon fils, la Mousse, et Hélène.
Cela aura quatre chevaux avec un postillon. » Ce
train, comme on voit, est respectable ; mais souvent
on faisait mieux. Voici comment voyageait Mme de
Montespan, quand elle allait prendre les eaux à
Vichy : « Elle est dans une calèche à six chevaux
avec la petite de Thianges ; elle a un carrosse der-
rière, attelé de la même sorte, avec six filles. Elle a
deux fourgons, six mulets, et dix ou douze cavaliers
à cheval sans ses officiers : son train est de quarante-
cinq personnes. » Comme la route était longue, on
s'arrangeait pour ne pas s'ennuyer. Mme de Sévigné
avait soin de choisir quelques compagnons agréables ; elle emportait dans sa voiture les livres qu'elle
aimait ; on causait, on relisait Corneille ou Nicole,
et de temps en temps on regardait le pays. Ces belles
rives de la Loire, elle les avait suivies bien souvent,
dans des dispositions d'esprit très différentes ; d'abord
avec son mari, quand il l'emmenait pour la première
fois en Bretagne, dans la joie et l'éclat de sa jeunesse ;
puis avec son fils et sa fille, dont elle était si fière.
Longtemps après, en les revoyant toute seule, elle y
découvrait des beautés nouvelles, et il lui semblait

qu'elle ne les avait jamais vues. « Il y a des âges, disait-elle, où l'on ne regarde que soi. » En somme, le voyage s'achevait sans ennui, et Mme de Sévigné nous en fait de si plaisantes descriptions, que nous, qui ne connaissons plus ces interminables traversées, nous sommes quelquefois tentés de les regretter.

On arrivait enfin à Vitré, et de là au château des Rochers, qui n'en est éloigné que de six kilomètres. Je me figure que le cœur de Mme de Sévigné devait battre, quand son carrosse entrait dans cette grande place carrée qui s'étend en face du château. Elle y trouvait ses serviteurs et ses vassaux réunis pour l'attendre. Une fois, nous dit-elle, son régisseur Vaillant avait préparé une sorte d'entrée à son fils; il avait mis plus de quinze cents hommes sous les armes, tous fort bien habillés, un ruban neuf à la cravate. Cette vieille noblesse si déprimée, si humiliée à Versailles, sacrifiée à des gens de robe ou de finance, rampant devant des commis de ministres, se relevait en rentrant chez elle et y reprenait le sentiment de son ancienne grandeur.

Le château des Rochers existe encore, et il n'a pas trop changé d'apparence depuis l'époque où Mme de Sévigné l'habitait. C'est un bâtiment composé de deux corps de logis en équerre qui s'appuient sur une tour centrale du xve siècle. L'aspect en est simple et noble; point d'ornement inutile; la tour seule, avec son toit élégant, ses clochetons et ses tourelles, a une assez fière tournure. Vers la gauche s'avance une rotonde isolée, que le mur et la porte du jardin relient au château. C'est la chapelle, qui fut bâtie par l'abbé de Coulanges. Pauvre abbé! malgré son goût pour l'épargne, il était possédé d'une innocente manie, il aimait à bâtir. « Les mains lui frétillent, disait sa nièce » ; et de temps à autre, quand on ne pouvait pas faire autrement, on lui passait une muraille. Il faut avouer que cette fois il n'a pas trop abusé de la permission. Son édifice circulaire est bien modeste, et, de loin, on pourrait aisément le prendre pour un simple pigeonnier.

Entre la chapelle et le château, une porte s'ouvre sur le parterre. Nous pouvons supposer qu'à peine reposée du voyage Mme de Sévigné s'empressait d'y courir. Ce qu'elle aime le plus aux Rochers, ce n'est pas le château lui-même : — elle connaît de plus belles demeures ; — c'est le parterre et le parc. Elle n'a pas de plaisir plus vif que de s'en occuper ; elle les modifie sans cesse, elle les orne, elle les embellit, elle les met à la mode du jour. Elle s'est empressée d'abord de faire arracher, dans son parterre, ces bordures de buis qui plaisaient aux courtisans de Louis XIII ; elle y a multiplié les pelouses, elle a tout rempli de jasmins et d'orangers, si bien que le soir, quand l'air en est parfumé, elle se croit en Provence. Aussitôt que Le Nôtre s'est fait une réputation dans l'art de décorer les jardins, elle lui demande des dessins et des plans. Lorsqu'ils sont exécutés, et que les Rochers ont pris un petit air de Versailles, elle contemple son œuvre et s'en félicite. « Voilà, écrit-elle à sa fille d'un ton de triomphe, ce

que notre parterre de houx n'aurait jamais cru pouvoir devenir. » Du parterre on passe dans le parc,
qui est vaste et bien aménagé. C'est là plus qu'ailleurs que s'est conservé le souvenir de Mme de Sévigné. Les allées qu'elle a plantées existent encore,
et on vous les nomme des noms mêmes qu'elle leur
avait donnés. Voici la solitaire, l'infinie, qui serpente,
et dont on n'aperçoit pas le terme; le mail, droit et
large au contraire, et qui aboutit à une sorte de place
d'où la vue peut embrasser tous les environs. Les
Rochers sont situés au milieu d'un plateau d'une
assez grande étendue, qui se relève peu à peu vers
les extrémités. Il n'y a là ni ces variétés d'aspect, ni
ces grandeurs ou ces brusqueries de perspective que
nous aimons aujourd'hui, point de fleuve qui traverse
la plaine, point de montagne escarpée qui l'encadre.
C'est un paysage tranquille, dont l'œil jouit paisiblement et qui repose l'esprit. Ce qui en fait le caractère principal, c'est que les arbres y sont si pres-
sés, si touffus, qu'on n'aperçoit pas autre chose
jusqu'aux limites de l'horizon, et qu'on se croirait
au milieu d'une forêt. Mme de Sévigné, qui sait regarder et qui observe avec soin, n'est pas seulement
frappée de l'abondance des arbres; elle admire aussi
l'intensité sombre de la verdure. « Le vert de ces
bois, dit-elle, est plus beau que celui de Livry. »
C'est une remarque dont on peut vérifier l'exactitude
quand on visite le joli parc de Vitré, ou que l'on contemple les campagnes qui environnent Rennes, du
haut de la promenade du Thabor.

La vie qu'on menait aux Rochers était sévère. Dans une des dernières visites que Mme de Sévigné a faites à son vieux château, après le mariage de son fils, elle décrit à Mme de Grignan l'emploi de ses journées. C'était à la vérité un jour où elle se trouvait seule avec sa belle-fille, et où le « petit ami » était absent. « On se lève à huit heures ; très souvent je vais, jusqu'à neuf heures, que la messe sonne, prendre la fraîcheur de ces bois ; après la messe, on s'habille, on se dit bonjour, on retourne cueillir des fleurs d'orange, on dîne ; jusqu'à cinq heures, on travaille ou on lit : depuis que nous n'avons plus mon fils, je lis, pour épargner la petite poitrine de sa femme. A cinq heures, je la quitte, je m'en vais dans ces aimables allées ; j'ai un laquais qui me suit ; j'ai des livres, je change de place, et je varie les tours de mes promenades ; un livre de dévotion, ou un autre d'histoire, on change, cela fait du divertissement ; un peu rêver à Dieu, à sa providence, posséder son âme, songer à l'avenir ; enfin, sur les huit heures, j'entends une cloche, c'est le souper.... Ma chère enfant, il n'y a que vous que je préfère au triste et tranquille repos dont je jouis ici. » Voilà une vie bien monotone ; il est vrai qu'elle est égayée de temps en temps par quelque incident imprévu. D'abord, on reçoit souvent des visites ; elles ne sont pas sans doute toutes agréables. « Vous ne savez pas, disait Bussy, vous autres qui n'avez jamais bougé de Paris, ce que c'est que la rusticité des provinces. » Il en est pourtant dans le nombre qu'on aime à recevoir : on peut trouver partout des personnes d'esprit avec qui l'on passe quelques moments agréables. Ce sont quelquefois de très grands personnages qui font l'honneur à la marquise de s'arrêter chez elle : la princesse de Tarente, le duc de Chaulnes, le marquis de Lavardin, lieutenant général en Bretagne. Ce dernier, en l'absence du gouverneur, est bien aise d'étaler tout l'appareil de sa puissance ; il arrive accompagné de ses officiers, de ses gardes, précédé de ses trompettes, suivi de vingt gentilshommes, qui lui font cortège, ce qui met le paisible château en émoi. A son tour, la marquise est bien obligée de rendre les honnêtetés qu'on lui a faites ; elle visite tout le voisinage. Quelquefois même, elle se laisse entraîner, par les instances de ses amis, à paraître aux États de Bretagne : c'est une affaire ; il lui faut quitter les Rochers, s'établir à Vitré, à Vannes, à Rennes. Elle y est reçue avec un empressement dont elle est à la fin un peu fatiguée ; elle y trouve trop de bruit, trop de cohue, trop de fêtes, trop de dîners surtout, des dîners « d'une magnificence à mourir de faim », et dont elle n'ose pas raconter le détail à sa fille, de peur de lui donner une indigestion. Au bout de quelques jours, quand elle peut décemment le faire, elle se sauve de ce tourbillon et retourne aux Rochers, « affamée de jeûne et de silence ».

Comment une femme du monde, accoutumée à vivre au milieu des sociétés les plus agréables de Paris, a-t-elle pu se plaire à ce point dans son château de Bretagne et y rester sans ennui des années entières? Il est naturel que nous en soyons surpris, car elle s'en étonne elle-même. « C'est une chose étrange, dit-elle, comme avec cette vie tout insipide et quasi triste les jours courent et nous échappent. » C'est qu'elle possédait une merveilleuse souplesse de caractère, et, de même qu'elle s'accommodait sans effort de toutes les personnes, elle savait se plier à toutes les circonstances. Elle a dit de son fils : « Il prend l'esprit des lieux où il est. » Évidemment c'est une qualité que le fils tenait de sa mère. La plus mondaine des femmes, quand elle était dans le monde, devenait campagnarde aux champs. La solitude ne l'effrayait pas, au contraire; il lui arrivait souvent de la rechercher. Elle écrit un jour à sa fille de sa retraite de Livry : « Je suis ici, ma chère fille, toute fine seule : je n'ai pas voulu me charger d'un autre ennui que le mien. Nulle compagnie ne me tente; je veux me vanter d'être toute l'après-midi dans cette prairie, causant avec nos vaches et nos moutons. » Et, quand au plaisir d'être seule, de rêver, de lire, de causer avec les vaches et les moutons, s'ajoutait celui de se promener dans un parterre fleuri ou sous de grands arbres et de regarder un beau paysage, elle y prenait tant de goût qu'on avait grand'peine à la ramener dans le monde.

On a dit que Mme de Sévigné était un des écrivains du xviie siècle qui ont le mieux compris et le plus aimé la nature. L'observation est juste, à la condition de ne rien exagérer. Il faut d'abord remarquer

qu'elle ne fait jamais de ces longues descriptions
dont nous avons l'habitude; elle peint d'un trait, et
ce trait même d'ordinaire ne lui appartient pas en
propre et n'a rien de bien nouveau. Souvenons-nous
qu'elle a dit : « Je n'invente rien ». C'est la vérité,
et il faut, quoi qu'elle fasse, que l'élan lui vienne du
dehors. Elle a commencé par voir la nature à travers
ses poètes favoris; c'est dans la *Jérusalem,* dans
l'*Aminte,* dans le *Pastor fido,* qu'elle l'a d'abord
admirée; et, comme ces poèmes sont pleins de mythologie, elle en a fait, à leur exemple, un grand usage.
Elle dira du ton le plus naturel du monde « qu'elle
est restée deux heures avec les Hamadryades », ou
« qu'elle s'est promenée le soir aux rayons de la belle
maîtresse d'Endymion ». C'est ainsi qu'on parle autour
d'elle; seulement ses contemporains s'en tiennent à
ces peintures de convention; on dirait, quand ils
dépeignent le lever ou le coucher du soleil, quand ils
parlent du printemps ou de l'hiver, qu'ils ne les ont
jamais vus que dans les vers des poètes. Mme de
Sévigné a regardé la nature : c'était presque une nouveauté; et elle y a retrouvé, plus complète, plus vive,
l'impression que les peintures du Tasse, de Guarini
et des autres lui avaient donnée. Elle répète les termes
dont ils se sont servis, elle emploie leurs images,
leurs métaphores, mais tout chez elle est rajeuni
par l'émotion personnelle. Ce qu'elle dit avec les
mots des autres, on sent qu'elle l'a vu de ses yeux;
l'expression est quelquefois banale, le sentiment est
toujours vrai. Voilà, je le répète, son originalité véri-

table. Il faut voir comme elle reprend sa fille, qui n'a jamais regardé la campagne que des fenêtres de Grignan, et qui ne connaît les rossignols que pour les avoir rencontrés dans les descriptions des poètes : « Où prenez-vous qu'on entende des rossignols le treize de juin ? Ah ! ils sont trop occupés du soin de leur petit ménage. Il n'est plus question ni de chanter, ni de faire l'amour, ils ont des pensées plus solides. » Ce n'est pas elle qui aurait commis une pareille erreur. Elle met une certaine gloire à bien connaître les choses de la campagne. Quand le printemps commence, elle fait tous les jours sa tournée ; elle veut voir par quelles transitions insensibles, par quelles nuances délicates, les feuilles changent du rouge au vert ; elle va d'un arbre à l'autre ; quand elle a fini avec les charmes, elle passe aux hêtres, puis aux chênes ; et, la visite achevée, lorsqu'elle a tout observé, tout noté, elle dit avec une confiance amusante : « Il me semble qu'en cas de besoin je saurais bien faire un printemps ».

C'est ainsi que le temps s'écoule aux Rochers sans qu'elle s'en aperçoive. Chaque saison a ses agréments pour elle. Sans doute elle est heureuse « d'entendre le rossignol, le coucou et la fauvette ouvrir le printemps dans les bois », mais elle trouve du plaisir aussi dans « ces beaux jours de cristal de l'automne, qui ne sont plus chauds et qui ne sont pas froids ». Et l'hiver lui-même n'est pas sans charme, quand le soleil brille par un froid piquant, « et que les arbres sont parés de perles et de cristaux ». Le temps vient enfin de quitter sa solitude; elle retourne sans empressement à Paris, rapportant à sa fille les économies qu'elle a faites, économies importantes, qui, une fois, dépassèrent seize mille livres, et je suppose que, tandis qu'on la félicite de son courage, elle se dit au fond du cœur que c'est de l'argent gagné sans peine.

V

Les charmantes causeries qui remplissent les lettres de Mme de Sévigné ne se bornent pas, comme on pense bien, aux événements de famille. Il y est question de beaucoup d'autres choses. Pendant vingt-cinq ans elle a tenu sa fille au courant de tout ce qui se faisait et se disait à Paris et à Versailles. Mme de Grignan était très friande de ces nouvelles dans son exil de Provence. Le *Mercure* et la *Gazette de France,* qui étaient des journaux surveillés par l'autorité et quasi officiels, se gardaient bien de dire ce qu'on désirait surtout de connaître. Les gazettes à la main de l'abbé Bigorre et des autres ne soulevaient qu'un coin du voile. Mme de Sévigné, qui pensait n'écrire que pour sa fille, ne se croyait pas obligée d'être discrète. Elle raconte tout ce qu'elle sait; et, comme elle a de grandes relations et qu'elle fréquente les bons endroits, elle sait à peu près tout ce qui se fait ou se prépare. Il n'y a point d'intrigue intérieure, point d'événement politique ou militaire auquel elle ne touche en passant : en sorte que si nous voulions

la suivre dans tous ses récits, c'est l'histoire entière
de cette époque que nous serions forcés de raconter.
Ce travail a été fait plusieurs fois, il me paraît inutile
de le recommencer. Je ne veux présenter, en ünis-
sant, que quelques observations rapides.

Ce n'est pas la même chose, il s'en faut de beaucoup, d'étudier le XVIIᵉ siècle dans les histoires qu'on
en a faites ou de chercher à le connaître en lisant les
lettres des contemporains. L'impression qui se dégage
de ces deux lectures est fort différente. Les historiens, qui jugent une époque à distance, la représentent par son caractère le plus général; ils n'en
font ressortir que les traits dominants, et, sacrifiant
tout le reste, ils en tracent des tableaux dont la précision et la simplicité séduisent l'esprit. On finit par
s'habituer à la voir comme ils l'ont dépeinte, et l'on
ne peut plus supposer qu'il y ait chez elle autre chose
que les qualités qu'ils lui attribuent. Mais, quand on
lit les correspondances qui rapportent les événements
comme ils se sont passés, sans les changer ou les
choisir, l'opinion qu'on s'était faite, d'après les historiens, sur les hommes et sur les choses se modifie
beaucoup. Nous nous apercevons alors que, dans tous
les temps, le bien et le mal se mêlent, et même que la
proportion du mélange varie moins qu'on ne croit.
Cousin dit quelque part : « Dans un grand siècle,
tout est grand ». C'est justement le contraire qui est
vrai : il n'y a pas de siècle si grand où il n'y ait beaucoup de petitesses, et il convient de s'y attendre pour
ne pas éprouver de mécompte, quand on entreprend

de l'étudier. Aucune époque n'a été plus célébrée, plus admirée que le règne de Louis XIV ; la correspondance de Mme de Sévigné risque de fort attiédir notre admiration. Elle rapporte à tout moment d'étranges histoires qui nous font réfléchir. Quand on rencontre, dans une société qu'on nous dépeint si délicate, si noble, si régulière, tant d'aventures scandaleuses, tant de désordres honteux, tant de ménages mal unis, tant de fortunes qui ne se soutiennent que par des expédients malhonnêtes, des grands seigneurs qui achètent sans payer, qui promettent sans tenir, qui empruntent sans rendre, qui sont aux genoux des ministres et de leurs maîtresses, qui trichent au jeu, comme M. de Cessac, qui vivent aux dépens d'une grande dame, comme Caderousse, qui livrent leur femme au roi, comme Soubise, qui lui offrent leur nièce, comme Villarceaux, ou qui soutiennent, comme Bussy, « que les plus délicats en honneur doivent être ravis quand une pareille fortune s'adresse à leur maison », il me semble qu'on est en droit de conclure qu'entre ces gens et nous il n'y a guère de différence, que peut-être sur quelques points nous valons mieux qu'eux, et que, dans tous les cas, ce n'est pas la peine de se servir de leur exemple pour malmener notre temps.

Mais voici en quoi ils diffèrent de nous. Il y avait alors certaines choses sur lesquelles en général on s'accordait, et ce sont précisément celles qui donnent lieu chez nous aux plus grandes divisions, la religion et la politique. Tout le monde alors n'était pas dévot,

il s'en fallait de beaucoup ; mais presque tout le monde
était croyant, et il n'y avait à peu près personne qui
contestât dans son principe l'autorité royale. Aujour-
d'hui la foi religieuse et la foi monarchique sont à
peu près éteintes, et il n'y a presque plus de ces
opinions communes qui s'imposent à tous, qu'on
respire comme l'air, dont on s'imprègne sans le
savoir et qu'on retrouve toujours au fond de soi dans
les circonstances graves, malgré tous les changements que nous fait subir l'expérience. Est-ce un
bien ? est-ce un mal ? faut-il s'en réjouir ou s'en plaindre ? Chacun répond suivant ses dispositions et son
caractère. Les esprits hardis, qui se sentent de force
à se faire une conviction personnelle, s'applaudissent
d'être délivrés de ces préjugés qui gênaient l'indépendance des opinions, et d'avoir devant soi l'espace
libre. Mais les autres, c'est-à-dire le plus grand nombre, ceux qui n'ont pas ces hautes visées, et dont la
vie d'ailleurs est occupée par d'autres soins, quand
il leur faut résoudre tout seuls ces grands problèmes,
sont inquiets, troublés, incertains ; ils regrettent de
n'en plus trouver des solutions toutes faites, et se
disent tristement avec Jocelyn :

> Oh ! pourquoi suis-je né dans ces jours de tempête
> Où l'homme ne sait pas où reposer sa tête,
> Où la route finit, où l'esprit des humains
> Cherche, tâtonne, hésite entre mille chemins,
> Ne pouvant ni rester sous un passé qui croule,
> Ni jeter d'un seul jet l'avenir dans son moule !

Voilà un tourment d'esprit qu'on ne connaissait guère au XVIIe siècle : les lettres de Mme de Sévigné le font bien voir.

Quoiqu'elle fût très émue et fort satisfaite quand le Roi lui adressait la parole, et qu'un jour, dans sa jeunesse, elle eût été tentée de le trouver un très grand prince, parce qu'il venait de la faire danser, elle n'était pas de ces fanatiques qui se·faisaient une superstition de l'adorer et lui décernaient presque des honneurs divins. Elle voyait le ridicule de ces flatteries outrées et s'en moquait à l'occasion. « On nous mande, écrit-elle à sa fille, que les Minimes de votre Provence ont dédié une thèse au roi, où ils le comparent à Dieu, mais d'une manière où l'on voit clairement que Dieu n'est que la copie.... Trop est trop : je n'eusse jamais soupçonné des Minimes d'en venir à cette extrémité. » Il y a toujours eu, chez cette ancienne frondeuse, une pointe d'indépendance et un goût secret d'opposition. C'est ce qui donne plus de prix à son témoignage quand elle nous montre à quel point la France était alors éprise de son roi. « Que ne font-ils pas, dit-elle des courtisans, pour plaire à leur maître ? Avec quelle joie, avec quel zèle ne courent-ils pas à l'hôpital pour son service ? Comptent-ils pour quelque chose leurs santés, leurs plaisirs, leurs affaires, leurs vies, quand il est question de lui obéir et de lui plaire ? » Et ailleurs : « Si nous étions ainsi pour Dieu, nous serions de grands saints ». Le Roi inspirait un si grand respect que les gens même qu'il avait le plus cruellement traités ne

faisaient pas remonter jusqu'à lui la responsabilité de
ses rigueurs. Bussy, pendant son exil de dix-sept ans,
ne peut s'empêcher d'avoir quelquefois des mouve-
ments d'impatience ; il s'emporte contre ses amis qui
l'oublient, il injurie ceux qui lui semblent prendre sa
place ; mais sa colère n'atteint jamais le principal, le
seul auteur de ses maux. Pour le Roi, il est toujours
respectueux, soumis, tendre, passionné. C'est un bon
maître, même quand il frappe, et il ne prononce son
nom qu'avec des larmes. « Il est tout naturel, dit-il
à sa cousine, de haïr ceux qui nous font du mal ;
cependant j'aime le Roi, je lui souhaite du bien et je
prie Dieu de tout mon cœur pour lui. » C'était vraiment être bien généreux. Ainsi les gens même qui
se trouvaient le plus mal de ce régime n'en conce-
vaient pas un autre. Il leur arrivait de souhaiter la
disgrâce d'une favorite ou la chute d'un ministre
quand ils croyaient avoir à s'en plaindre, mais leurs
désirs n'allaient pas plus loin, et nous ne voyons pas
qu'ils aient jamais imaginé pour la France un autre
gouvernement que celui sous lequel on vivait.

Sur la religion, les esprits étaient un peu plus
divisés. Il y avait sans doute alors des incrédules, et
même en assez bon nombre. « Il faut que vous sachiez,
disait Nicole, que la grande hérésie du monde n'est
plus le calvinisme ou le luthéranisme : c'est l'athéisme. »
Mme de Sévigné parle de quelques-uns de ces athées,
Saint-Germain, Ninon de Lenclos, qui travaillaient
à pervertir les jeunes gens. « Qu'elle est dangereuse,
cette Ninon ! Si vous saviez comme elle dogmatise sur

la religion, cela vous ferait horreur. » Mais n'oublions
pas que beaucoup de ces incrédules n'étaient guère
que des croyants retournés. A propos de cette anecdote étrange qui nous montre Condé et la Palatine
essayant, avec le médecin Bourdelot, de brûler un
morceau de la vraie croix, Sainte-Beuve fait remarquer qu'il y a loin de cette jeune incrédulité, peu
sûre d'elle-même, et qui tente le sacrilège, à l'indifférence tranquille qui n'a pas besoin de preuve pour
ne pas croire. « Après tout, ajoute-t-il, ces esprits
forts, qui mettaient tant de prix à un brûlement de la
vraie croix, étaient bien du même temps que ces
autres grands esprits qui croyaient à la guérison par
la sainte épine. » Beaucoup de ces libertins, comme
on les appelait alors, ne l'étaient que par forfanterie,
pour étonner les bonnes gens, et faire parler d'eux.
Au siège de Lérida, Bussy dînant, avec quelques
étourdis, dans une église, avait envoyé chercher des
violons, et déterré un cadavre, pour lui faire danser
une ronde; en réalité, il craignait les esprits, et il
avoue que, dès qu'il était couché, il se mettait la tête
sous la couverture « afin de s'ôter les moyens de rien
entendre qui pût lui faire peur ». Pendant un incendie
qui menaçait son château, il s'empressa de jeter un
scapulaire dans les flammes, et, le feu s'étant éteint à
l'instant, il ne put jamais dire s'il devait ce bonheur
au scapulaire ou au vent qui, fort à propos, avait
changé de direction. Il n'y a pas à être surpris que
l'impiété de ces prétendus esprits forts ne fût pas
très solide. La plupart d'entre eux, quand l'âge d'être

libertins était passée, devenaient dévots. Les autres
ne voulaient pas causer de scandale, et, le dernier
moment venu, pour faire comme tout le monde, ils
appelaient un prêtre : c'est ce que l'un d'eux, Guy-
Patin, appelait mourir *more majorum*. En somme, ces
résistances rares, timides, se perdaient dans la grande
uniformité des croyances, et elles ne doivent pas
nous empêcher de dire que, pris dans son ensemble,
ce siècle était chrétien.

Mais tout le monde alors n'était pas chrétien de la
même façon. Il y avait des gens qui l'étaient par
habitude, par tradition, comme par maintien, sans
que du reste leur croyance influât beaucoup sur leur
conduite. Qu'on se rappelle l'amusante histoire que
Mme de Sévigné raconte à propos du *Petit Bon* (le
comte de Fiesque) et de la *Souricière* (Mme de Lyonne),
qui étaient au mieux ensemble. Dans un rendez-vous
qu'elle lui avait donné, après deux longues heures de
conversation, à laquelle la dévotion était tout à fait
étrangère, elle lui dit tout d'un coup : « *Petit Bon*,
j'ai quelque chose sur le cœur contre vous. — Et
quoi, madame ? — Vous n'êtes point dévot à la Vierge ;
ah ! vous n'êtes point dévot à la Vierge : cela me fait
une peine étrange. » La piété de Mme de Sévigné
n'était pas aussi accommodante. Elle apporte sans
doute dans les choses religieuses, comme en tout le
reste, une grande liberté d'esprit. La dévotion théâ-
trale des Provençaux, les processions de pèlerins et
de pénitents l'impatientent. Elle parle sans beaucoup
de respect de la châsse du bon saint Marceau et de

celle de sainte Geneviève, qu'on promène dans les rues de Paris pour obtenir le beau temps ou la pluie, et qui se font d'aimables révérences quand elles se rencontrent. Elle est tentée de faire aux protestants, lorsqu'elle discute avec eux, des concessions fort compromettantes. Son ami, le cartésien la Mousse, lui ayant expliqué certaines opinions d'Origène, que l'Église a condamnées, elle ne se gêne pas pour les trouver fort raisonnables. « Vous aurez peine, écrit-elle à cette occasion, à nous faire entrer une éternité de supplices dans la tête, à moins que d'un ordre du Roi et de la sainte Écriture. » Au risque de se brouiller avec tous les saints, elle fait écrire ces mots au-dessus du maître autel de sa chapelle : *Soli Deo honor et gloria.* C'est le moyen, dit-elle, de ne pas faire de jaloux. N'en concluez pas qu'elle soit une *libertine :* nous avons vu qu'au contraire les esprits forts lui font horreur. Dès sa jeunesse, Port-Royal l'a séduite par sa morale austère et les sévérités de sa doctrine. Quand elle vient de causer avec quelqu'un de ses docteurs ou de lire leurs ouvrages, elle est saisie de tels accès de piété que son cousin Bussy, qu'elle prêche comme les autres, s'épouvante, et sent le besoin de modérer son zèle. « Ne prenons pas les affaires trop à cœur, lui dit-il; cela nuit fort à la longueur de la vie. C'est, à mon avis, être déjà presque damné que de croire trop de l'être; il y a raison partout; vivons bien et nous réjouissons. En matière de conscience, trop de délicatesse fait les hérétiques. Je ne veux aller qu'au paradis, et pas plus haut. » Mais

Bussy s'alarmait à tort; la dévotion de Mme de Sévigné n'était pas aussi inquiétante qu'il le supposait; elle avait de nombreuses intermittences, et nous la voyons successivement, dans ses lettres, s'éteindre et se ranimer. C'est surtout lorsqu'elle est seule, à Livry, aux Rochers, pendant les journées d'hiver, qu'elle redevient sérieuse et triste, et qu'elle a comme des retours réglés de piété. Elle relit Nicole et Pascal; elle se souvient des nombreux amis qu'elle a perdus. « Hélas! dit-elle, comme cette mort va courant partout et attrapant de tous les côtés! » et naturellement la mort des autres la fait penser à la sienne. Sur le cadran solaire de son jardin, elle a fait graver la devise suivante : *Unam time.* Cette heure terrible et incertaine, elle y songeait souvent, et la frayeur qu'elle en avait lui inspirait quelquefois des plaintes éloquentes : « Je me trouve dans un engagement qui m'embarrasse. Je suis embarquée dans la vie sans mon consentement; il faut que j'en sorte; cela m'assomme. Et comment en sortirai-je? par où? par quelle porte? quand sera-ce? en quelle disposition? comment serai-je avec Dieu? qu'aurai-je à lui présenter? que puis-je espérer? suis-je digne du paradis? suis-je digne de l'enfer? quelle alternative! quel embarras!... j'aurais mieux aimé mourir entre les bras de ma nourrice! » Et elle se promettait alors de vivre plus sérieusement et de se mieux préparer à ce moment redoutable; elle prenait de bonnes résolutions pour l'avenir, mais bientôt « un souffle, un rayon de soleil emportait toutes ces réflexions du soir ». Elle revoyait ses amis, elle prenait part à leurs vives et médisantes causeries. Elle riait comme les autres, et plus que les autres, des récits malins qu'elle entendait faire, et ne résistait pas au plaisir de les redire avec une verve qu'on admirait. Elle s'en voulait, se grondait, et ne se corrigeait pas. « Je ne suis ni à Dieu ni au diable, disait-elle; cet état m'ennuie, quoiqu'entre nous je le trouve le plus naturel du monde. » Il lui était si naturel, qu'à vrai dire elle n'en est jamais sortie. Malgré toutes ses bonnes résolutions, elle a vécu dans ces alternatives perpétuelles de relâchement et de piété jusqu'à la maladie qui l'emporta. Mais alors elle se trouva ferme et résolue; son gendre, qui fut témoin de ses derniers moments, nous dit « qu'elle recueillit le fruit des bonnes lectures pour lesquelles elle avait tant d'avidité, et qu'elle envisagea la mort avec une fermeté et une soumission étonnantes ». C'est, du reste, ainsi qu'on finissait d'ordinaire à cette époque. Beaucoup de personnes d'esprit trouvaient, comme Mme de Rambures, qu' « il était ennuyeux de vivre dans la grâce de Dieu », mais tout le monde voulait y mourir.

Quand Mme de Sévigné mourut, à soixante-dix ans, elle n'avait pas trop senti les atteintes de la vieillesse. L'amie de Bussy, Mme de Scudéry, qui la vit quelques années auparavant, était surprise de la trouver encore belle; elle semblait toujours jeune à ses amis. Nous avons ses dernières lettres; rien n'y trahit son âge : elles sont aussi gracieuses, aussi spirituelles, aussi piquantes, aussi animées que les autres. Dans celle qu'elle écrivit une quinzaine de jours

avant de mourir, elle déplore la perte du jeune marquis de Blanchefort, fils de la maréchale de Créquy,
avec une tendresse touchante qui prouve que, malgré
les années, son cœur n'avait pas pris une ride. C'est
une bonne fortune rare, et qu'elle devait mieux apprécier que personne. Jamais assurément son optimisme obstiné n'a été mieux justifié, et c'est alors
surtout qu'elle pouvait dire avec raison « qu'elle était
contente de sa destinée ». Durer sans vieillir, se sentir
jusqu'au bout vivant et entier, conserver dans l'âge
mûr ce qu'il y a de meilleur dans la jeunesse, la vivacité de l'esprit et la fraîcheur des sentiments; puis,
quand la fin est venue, retrouver au fond de soi les
croyances des premières années et s'endormir doucement avec une ferme espérance, pour des gens qui
vivent, comme nous, au milieu des obscurités et des
incertitudes, n'est-ce point un sort digne d'envie?

FIN

TABLE DES MATIÈRES

Coulommiers. — Imp. P. BRODARD et GALLOIS

LIBRAIRIE HACHETTE ET Cⁱᵉ

BOULEVARD SAINT-GERMAIN, 79, A PARIS.

LES
GRANDS ÉCRIVAINS FRANÇAIS

ÉTUDES SUR LA VIE, LES ŒUVRES ET L'INFLUENCE
DES PRINCIPAUX AUTEURS DE NOTRE LITTÉRATURE

Notre siècle qui finit a eu, dès son début, et léguera au siècle prochain un goût profond pour les recherches historiques. Il s'y est livré avec une ardeur, une méthode et un succès que les âges antérieurs n'avaient pas connus. L'histoire du globe et de ses habitants a été refaite en entier; la pioche de l'archéologue a rendu à la lumière les os des héros de Mycènes et le propre visage de Sésostris. Les ruines expliquées, les hiéroglyphes traduits ont permis de reconstituer l'existence des illustres morts; parfois, de pénétrer dans leur pensée.

Avec une passion plus intense encore, parce qu'elle était mêlée de tendresse, notre siècle s'est appliqué à faire revivre les grands écrivains de toutes les littératures, dépositaires du génie des nations, interprètes de la pensée des peuples. Il n'a pas manqué en France d'érudits pour s'occuper de cette tâche; on a publié les œuvres et débrouillé la biographie de ces hommes illustres que nous chérissons comme des ancêtres et qui ont contribué, plus même que les princes et les capitaines, à la formation de la France moderne, pour ne pas dire du monde moderne.

Car c'est là une de nos gloires, l'œuvre de la France a été accomplie moins par les armes que par la pensée, et l'action de notre pays sur le monde a toujours été indépendante de ses triomphes militaires : on l'a vue prépondérante aux heures les plus douloureuses de l'histoire nationale. C'est pourquoi les grands penseurs de notre littérature intéressent non seulement leurs descendants directs, mais encore une nombreuse postérité européenne éparse au delà des frontières.

Initiateurs d'abord, puis vulgarisateurs, les Français furent les premiers, au sein du tumulte qui marqua le début du moyen âge, à recommencer une littérature; les premières chansons qu'entendit la société moderne à son berceau furent des chansons françaises. De même que l'art gothique et que l'institution des universités, la littérature du moyen âge commence dans notre pays, puis se propage dans toute l'Europe : c'est l'initiation.

Mais cette littérature ignorait l'importance de la forme, de la sobriété, de la mesure; elle était trop spontanée et pas assez réfléchie, trop indifférente aux questions d'art. La France de Louis XIV mit en honneur la forme : ce fut, en attendant l'âge du renouveau philosophique dont Voltaire et Rousseau devaient être les apôtres européens au xviii⁰ siècle, et en attendant la période éclectique et scientifique où nous vivons, l'époque de la vulgarisation des doctrines littéraires. Si cette tâche n'avait pas été remplie comme elle l'a été, la destinée des littératures eût été changée ; l'Arioste, le Tasse, Camoens, Shakespeare ou Spenser, tous les étrangers réunis, ceux de la Renaissance et ceux qui suivirent, n'eussent point suffi à provoquer cette réforme ; et notre âge, peut-être, n'eût point connu ces poètes passionnés qui ont été en même temps des artistes parfaits, plus libres que les précurseurs d'autrefois, plus purs de forme que n'avait rêvé Boileau : les Chénier, les Keats, les Gœthe, les Lamartine, les Leopardi.

Beaucoup d'ouvrages, dont toutes ces raisons justifient de reste la publication, ont donc été consacrés de notre temps aux grands écrivains français. Et cependant ces génies puissants et charmants ont-ils dans la littérature actuelle du monde la place qui leur est due ? Nullement, et pas même en France, pour des raisons multiples.

D'abord, ayant reçu tardivement, au siècle dernier, la révélation des littératures du Nord, honteux de notre ignorance, nous nous sommes passionnés d'étranger, non sans profit, mais peut-être avec excès, au grand détriment dans tous les cas des ancêtres nationaux. Ces ancêtres, de plus, il n'a pas été possible jusqu'ici de les associer à notre vie comme nous eussions aimé, et de les mêler au courant de nos idées quotidiennes ; du moins, et précisément à cause de la nature des travaux qui leur ont été consacrés, on n'a pas pu le faire aisément. Où donc, en effet, revivent ces morts? Dans leurs œuvres ou dans les traités de littérature. C'est déjà beaucoup sans doute, et les belles éditions savantes, et les traités artistiquement ordonnés ont rendu moins difficile, dans notre temps, cette communion des âmes. Mais ce n'est point encore assez; nous sommes habitués maintenant à ce que toute chose nous soit aisée; on a clarifié les grammaires et les sciences comme on a simplifié les voyages; l'impossible d'hier est devenu l'usuel d'aujourd'hui. C'est pourquoi, souvent, les anciens traités de littérature nous rebutent et les éditions complètes ne nous attirent point : ils conviennent pour les heures d'étude qui sont rares en dehors des occupations obligatoires, mais non pour les heures de repos qui sont plus fréquentes. Aussi, le livre qui s'ouvre, tout seul pour ainsi dire à ces moments, est le dernier roman paru; et les œuvres des grands hommes, complètes et intactes, immobiles comme des portraits de famille, vénérées, mais rarement contemplées, restent dans leur bel alignement sur les hauts rayons des bibliothèques.

On les aime et on les néglige. Ces grands hommes semblent trop lointains, trop différents, trop savants, trop inaccessibles. L'idée de l'édition en beaucoup de volumes, des notes qui détourneront le regard, de l'appareil scientifique qui les entoure, peut-être le vague souvenir du collège, de l'étude classique, du devoir juvénile, oppriment l'esprit; et l'heure qui s'ouvrait vide s'est déjà enfuie; et l'on s'habitue ainsi à laisser à part nos vieux auteurs, majestés muettes, sans rechercher leur conversation familière.

Le but de la présente collection est de ramener près du foyer ces grands hommes logés dans des temples qu'on ne visite pas assez, et de rétablir entre les descendants .et les ancêtres l'union d'idées et de propos qui, seule, peut assurer, malgré les changements que le temps impose, l'intègre conservation du génie national. On trouvera dans les volumes en cours de publication des renseignements précis sur la vie, l'œuvre et l'influence de chacun des écrivains qui ont marqué dans la littérature universelle ou qui représentent un côté original de l'esprit français. Les livres seront courts, le prix en sera faible ; ils seront ainsi à la portée de tous. Ils seront conformes, pour le format, le papier et l'impression, au spécimen que le lecteur a sous les yeux. Ils donneront, sur les points douteux, le dernier état de la science, et par là ils pourront être utiles même à ceux qui savent : ils ne contiendront pas d'annotations, parce que le nom de leurs auteurs sera, pour chaque ouvrage, une garantie suffisante : le concours des plus illustres contemporains est, en effet, assuré à la collection. Enfin une reproduction exacte d'un portrait authentique permettra aux lecteurs de faire en quelque manière la connaissance physique de nos grands écrivains.

En somme, rappeler leur rôle, aujourd'hui mieux connu grâce aux recherches de l'érudition, fortifier leur action sur le temps présent, resserrer les liens et ranimer la tendresse qui nous unissent à notre passé littéraire; par la contemplation de ce passé, donner foi dans l'avenir et faire taire, s'il est possible, les dolentes voix des découragés : tel est notre but principal. Nous croyons aussi que cette collection aura plusieurs autres avantages. Il est bon que chaque génération établisse le bilan des richesses qu'elle a trouvées dans l'héritage des ancêtres; elle apprend ainsi à en faire meilleur usage; de plus, elle se résume, se dévoile, se fait connaître elle-même par ses jugements. Utile pour la reconstitution du passé, cette collection le sera donc encore, si l'accueil qu'elle reçoit permet de la mener à bien, pour la connaissance du présent.

10 avril 1887.

J. J. JUSSERAND.

LES
GRANDS ÉCRIVAINS FRANÇAIS

— 8 —

En préparation

Villon, par M. Gaston Paris, membre de l'Institut.

D'Aubigné, par M. Guillaume Guizot, professeur au
Collège de France.

Boileau, par M. Ferdinand Brunetière.

Rousseau, par M. Cherbuliez, de l'Académie française.

Joseph de Maistre, par le vicomte Eugène Melchior
de Vogüé.

Lamartine, par M. de Pomairols.

Balzac, par M. Paul Bourget.

Musset, par M. Jules Lemaitre.

Sainte-Beuve, par M. Taine, de l'Académie française.

Guizot, par M. G. Monod, directeur de la *Revue historique.*

Etc., etc., etc.

Coulommiers. — Imp. P. Brodard et Gallois